AF287351

POSITIONEN

VON MICHAEL WIELAND

© **2012 Michael Wieland**

Herstellung und Verlag: BoD – Books on Demand, Norderstedt

Umschlaggestaltung, Satz und Layout: Elisabeth Münscher

ISBN: 9783848253616

Bibliografische Information der Deutschen Nationalbibliothek:

Die Deutsche Nationalbibliothek verzeichnet diese Publikation in der Deutschen Nationalbibliografie; detaillierte bibliografische Daten sind im Internet über **www.dnb.de** abrufbar.

INHALTSVERZEICHNIS

Nach jahrelangem Studium, nach jahrelangem Promovieren – die Sinnlosigkeit dieses zweiten Unterfangens wurde mir erst zu spät bewusst, wieder einmal hatte ich mich der gesellschaftlichen Norm gefügt – kam der Moment, an dem ich nach der Abgabe und vor der Nachkorrektur der Dissertation für einige Zeit tatsächlich keine unmittelbaren Pflichten zu erfüllen hatte, mich keiner Aufgabe gestellt sah. Es war ein Moment in meinem Leben, in dem ich mich des Luxus glücklich schätzen durfte, Zeit zu haben, das tun zu können, worauf ich wirklich Lust hatte. Sodann stellte sich mir (unglaublicherweise) die Frage: worauf habe ich wirklich Lust? Recht schnell wurde mir klar, dass es mir größte Lust und Freude bereitet, meine unendliche Neugier zu befriedigen.

Schon hier muss ich einwerfen, dass ich keinesfalls abstreiten kann und möchte, mich während dieser Zeit nicht auch dem puren Vergnügen hingegeben zu haben. Eine Leugnung dessen würde einer groben Selbstverkennung gleichkommen, wie jeder bestätigen kann, der mich kennt. Ohne mich dem Vorwurf des Hedonismus gänzlich entledigen zu können, sei mir gestattet, nicht weiter von den zahllosen sinnlosen Vergnügungen, sondern von der Neugier zu berichten. Diese stillte ich nun zum einen, indem ich mir ansah, wie und wo andere Menschen leben: Ich reiste also ein wenig um die Welt. Allein reisen konnte aber nicht alles sein, so hatte ich schon vorher einige Gebiete der Welt gesehen, überdies ermöglicht Reisen selten Zeit zum Einhalten, Lesen, Schreiben, Kontemplieren. Denn zum anderen verspürte ich den Drang, meine Bildung, meine künstlerische Unfähigkeit, aber vor allem meinen Standpunkt im und zum Leben zu schärfen. Natürlich beschäftigten mich diese Punkte auch schon vorher, wie wohl jeder Mensch sich mit ihnen mehr oder weniger auseinandersetzt. Und doch hatte ich nie die Zeit zu einer wirklich intensiveren Auseinandersetzung gefunden. Es ist schwer, nach einem langen Tag des Lernens, Schreibens, Arbeitens am Abend für ein paar Stunden ein Buch zu lesen, ein Bild zu malen, nachzudenken oder eine Sprache zu lernen. Wenn man ganze Tage einem Anliegen, sei es in geistiger, sei es in künstlerischer Hinsicht, widmen kann, liegt es auf der Hand, dass man ungleich intensiver, kraftvoller und leichter zu Erkenntnissen gelangt. Dank des Luxus dieser Möglichkeit begann ich, mich über Romane, Gespräche und Sachbücher meinen Fragen zu nähern. Dabei stellte ich zunächst ernüchtert fest, dass die Fülle des menschlichen Wissens so groß, viele Gedanken des menschlichen Geistes so tief sind, dass mir das Meiste davon für immer verschlossen bleiben würde. Hier liegt sicher auch eine große Gefahr und Schwäche meiner Aufsätze. Denn da ich weder Philosoph noch Theologe, weder Kommunikationswissenschaftler noch Neurobiologe bin, basieren viele meiner Ausführungen auf Halbwissen und verbreiten deshalb Halbwahrheiten. Mit diesem Problem sieht sich aber letztlich jeder konfrontiert, der zu verschiedenen wichtigen Fragen des Lebens eine eigene Position finden möchte. Ich versuchte nicht aufzugeben, sondern im Rahmen meiner Logik, meines Verständnisses und im Bewusstsein meiner Begrenztheit zumindest ein wenig mehr zu erfahren. Besonders hilfreich bei meiner Erkenntnissuche waren dabei die zahllosen Gespräche, mit denen mir viele Menschen in meinem Umfeld halfen, vieles besser zu verstehen und mir eine eigene Meinung zu bilden. Schon bald merkte ich, dass es mir bei der Annäherung an ein Thema half, einige Gedanken in Bücher zu schreiben, wild darin herumzukritzeln oder manches zu unterstreichen. Fortan missbrauchte ich viele meiner Bücher als Skizzenhefte. Immer noch fiel es mir aber in so manchem Gespräch schwer, meine eigene Position für mich und andere schlüssig darzulegen. Die anfängliche Idee, einige Positionen schriftlich zu formulieren, wurde so im Laufe der Gedanken über ein Thema sogar zur Notwendigkeit, um durch die Schriftlichkeit das Erlernte, aber auch meine Gedanken, zu fassen und meine eigene Position zu entwickeln. Meine Freude am Schreiben kam mir hier sehr entgegen; so hatte ich bereits früher einige Kurzgeschichten geschrieben und mit der Anfertigung eines Romans begonnen. Als ich dann neben der positiven Resonanz auf so manche Diskussion auch mit den Entwürfen meiner Aufsätze von verschiedenen Seiten auf großes Interesse stieß, festigte sich der Gedanke, einige meiner Aufsätze als kleines Heftchen drucken zu lassen. So liegen sie nun in Ihrer Hand, und können als kleines Gedanken- und Diskussionspapier begriffen werden.

Man mag mir manche Polarisierung verzeihen, dies liegt ein wenig in meiner Natur, was in dem sarkastischen Aufsatz „Über dein Leben" deutlich zum Ausdruck kommt. Überdies habe ich schon in dieser kurzen Zeitspanne bemerkt, dass keine meiner Positionen als „in den Stein gemeißelt" zu sehen ist. Vielmehr konnte ich erahnen, wie sehr nicht nur die Welt, sondern auch meine eigenen Positionen einem natürlichen Wandel unterworfen sind. Neue Erfahrungen oder andere Lebenssituationen könnten schon morgen mein Weltbild verändern. Dies soll nicht heißen, dass ich mich offenherzig als Opportunist enttarne. Ich will damit nur andeuten, dass ich meine Positionen weit entfernt von ewigen Wahrheiten sehe und vielmehr offen bleiben möchte für andere Meinungen und Ansichten. Womöglich werde ich in einigen Jahren verwundert über meine Aussagen den Kopf schütteln, im Moment zumindest stehe ich zu diesen Positionen.

Die Sammlung ist leider von den Themen her sehr limitiert.

Manche Fragen drängten sich mir persönlich nicht so intensiv auf, bei anderen wiederum blieb meine Position zu unbefriedigend und unfertig, um sie zu veröffentlichen. Viele große Themen des Lebens wie z.b. die Liebe werden in diesem Heftchen deshalb leider nur angeschnitten, nicht aber gesondert behandelt. Zudem sind die einzelnen Aufsätze sicher zu kurz, um von einer fundierten Abhandlung über die einzelnen Themen zu sprechen. Über nahezu alle Themen könnte man zu den unzähligen bereits existierenden weitere dicke Bücher hinzufügen. Aber zum einen bin ich zu einer tiefen Abhandlung gar nicht fähig, zum anderen bietet eine solch kurze Position auch eine Chance: sich in relativ kurzer Zeit einem Thema anzunähern, sich anregen zu lassen und vielleicht auch eigene Gedanken zu formen.

Deshalb bitte ich darum, mir die Begrenztheit in Inhalt und Form zu verzeihen. Über jegliche Rückmeldung, Verbesserung oder Anregung würde ich mich sehr freuen und wäre dafür sehr dankbar.

Michael Wieland   *Madrid, Sommer 2009*

ÜBER SELBSTFINDUNG
oder: Wer bin ich?

Die Frage nach der eigenen Identität ist eine der existentiellsten und damit zugleich schwierigsten Fragen, die sich ein Mensch stellen kann. Wer ist dieses Wesen, das in seinem Kopf Gedanken formt, mit dem ganzen Körper fühlt und sich eine eigene Welt mit eben diesem Selbst als Zentrum formt? Wer ist dieses Subjekt, das gerade diese Zeilen liest und dabei in unzähligen chemischen und physischen Prozessen im Körper und im Gehirn zu einer „menschlichen" Schlussfolgerung kommt? Warum unterscheide ich mich in Aussehen und Verhalten von meinen Mitmenschen und was macht mich zu dem Menschen, der ich bin?

Zunächst einmal sind wir natürlich eine unfassbar komplizierte „verkörperte" Erscheinungsform. Die „Arbeitsweise" unseres Körpers, unzählige chemische, elektrische, mechanische Vorgänge, folgt einem unfassbar komplexen Schema, welches uns als Mensch leben lässt. Einige dieser Vorgänge sind wissenschaftlich untersucht und erklärbar, das Meiste bleibt aber im Dunkeln. Wie arbeiten die Synapsen, die Kontaktstellen der Nervenzellen untereinander und zu anderen Körperzellen, warum altern wir, warum entstehen Krankheiten und unendlich viele Fragen mehr kann die Forschung nur höchst unbefriedigend beantworten. Wenn wir aber von den mechanisch-chemischen Abläufen absehen, denn diese lassen uns zwar zum Menschen werden, unterscheiden uns aber nicht als Individuen voneinander, bleibt die Frage nach den Einflüssen, die uns zu dem Individuum machen, das wir sind. Und hier stoßen wir schnell auf die, nicht nur in Forscherkreisen, viel diskutierte Frage, inwieweit Gene oder äußere Einflüsse für unser individuelles Menschsein bestimmend sind. Letztlich kann man selbst mit größtem Fachwissen diese Frage nicht abschließend beantworten, es wird ab einem bestimmten Punkt eine Glaubensfrage bleiben. Dennoch erscheint es interessant und weiterführend, etwas tiefer in beide Bereiche, Gene und äußere Einflüsse, einzudringen.

Dazu werfen wir zunächst einen Blick auf unsere Gene und ihre Arbeitsweise in unserem Körper. Ca. 100 Billionen Zellen formen unseren Körper. Jede einzelne dieser Zellen enthält unsere individuelle Desoxyribonukleinsäure (DNS), sozusagen die Bau- und Gebrauchsanweisung unseres Wesens. Jede DNS ihrerseits besteht aus etwa 125 Millionen Nukleotid-Paaren und ist etwa zwei Meter lang. Ein Abschnitt aus mehreren tausend dieser Bausteine enthält durch die unterschiedliche Abfolge der verschiedenen Nukleotid-Paare die Information zur Konstruktion eines bestimmten Proteins. Jeder einzelne dieser etwa 23.000 Abschnitte auf der DNS wird als Gen bezeichnet. 99,9 Prozent der DNS und damit der Gene sind bei allen Menschen gleich, nur 0,1 Prozent sind verschieden und könnten damit für die jeweilige Individualität ursächlich sein. Damit das Gen seine in ihm enthaltene „Information" bzw. Aufgabe ausführen kann, wird in einem hoch komplexen Verfahren die DNS kurzzeitig reißverschlussartig aufgezogen, um durch einen Abdruck des DNS-Strangs eine einstrangige Kopie dieses Gens zu erhalten, die sich ebenfalls aus Nukleotiden, aber eben nicht paarweisen, sondern einstrangigen, zusammensetzt. Die auf diesem Wege entstandene Ribonukleinsäure (RNS) verlässt sodann den Zellkern durch Poren, um zu den Ribosomen, den „Proteinfabriken" der Zellen, zu gelangen. Die DNS verbleibt immer im Zellkern, nach dem Ablesen zieht sie sich wieder zu einer Doppelspirale zusammen und wickelt sich auf. Die RNS enthält nun die Bauanleitung zur Herstellung eines bestimmten Proteins: Auf jeweils drei Nukleotiden dieses Strangs passt immer nur ein bestimmtes Transport-Molekül, das dann entsprechend dieser Vorgaben auf die RNS aufgebaut wird. Auf diesem Transport-Molekül befindet sich eine je nach Transport-Molekül spezifische Aminosäure. Damit entsteht eine genau festgelegte Abfolge von Aminosäuren. Durch ein Stopp-Molekül wird diese Kette beendet. Die Transport-Moleküle und die RNS lösen sich danach auf, um als einzelne Bestandteile ihre Funktionen von Neuem zu erfüllen. Bevor die Aminosäuren-Ketten ihre Aufgaben im Körper erfüllen können, müssen sie sich falten und eine dreidimensionale Struktur ausbilden: Nun werden sie als Proteine bezeichnet. In unterschiedlichsten Formen, als Strukturproteine wie Kollagen oder Keratin, als Hormonproteine wie Insulin, als Membranproteine wie Aquaporin, als Immunproteine wie Immunglobulin oder als Werkzeugproteine, sogenannte Enzyme, wie die Alkoholdehydrogenase, erfüllen sie nun die vom jeweiligen Gen initiierte lebensnotwenige Aufgabe im Körper und machen uns Menschen rein physisch zu einem funktionsfähigen Organismus. Obwohl ich versucht habe, diesen sehr komplexen Vorgang möglichst einfach zu beschreiben, wird sehr anschaulich deutlich, wie hoch kompliziert all diese Vorgänge im menschlichen Körper sind.

Inwieweit die Gene neben der körperlichen Determinierung auch für charakterliche Eigenschaften und Verhaltensweisen verantwortlich sind, ist Gegenstand vieler wissenschaftlicher Untersuchungen. Besonders begehrte „Forschungsobjekte" sind in dieser Hinsicht seit einigen Jahrzehnten eineiige Zwillinge: Sie weisen ein absolut identisches Erbgut auf und dienen damit als ideale Objekte, um den Einfluss des Erbguts und damit der Gene auf den Menschen zu untersuchen. In groß angelegten Studien ergab sich dabei, dass eineiige Zwillinge einander nicht nur im Aussehen, sondern auch in Bereichen der Persönlichkeit gleichen. Lange Zeit wurde angenommen, dass die Persönlichkeit des Menschen, also Wesenszüge wie Intelligenz, Aufgeschlossenheit, Umgänglichkeit oder Neugier, nur durch Erziehung und andere äußere Einflüsse bestimmt werde, der Mensch als psychologisch unbeschriebenes Blatt auf die Welt komme. Bei der Untersuchung eineiiger Zwillingspaare, die kurz nach der Geburt getrennt wurden und in unterschiedlichen Familien, teilweise sogar in unterschiedlichen Kulturkreisen, aufgewachsen sind, wurden im Erwachsenenalter enorme Übereinstimmungen in deren Persönlichkeit festgestellt. Nicht nur Marotten wie die Vorliebe für scharfes Essen, das Tragen von Schnurrbärten oder das Lesen von Zeitschriften von hinten nach vorne wurden bei beiden Zwillingen festgestellt, sondern grundlegende Merkmale des Charakters stimmten häufig überein: geistige Fähigkeiten, emotionale Befindlichkeiten, gesellschaftliches Geschick oder Neigungen zu Kriminalität. Diese Gemeinsamkeiten müssen auf das identische Erbgut zurückgehen. Studien an getrennt aufgewachsenen Zwillingen ergaben beispielsweise für die Intelligenz eine Erblichkeit von 69 bis 78 Prozent. Die Untersuchungen haben gezeigt, dass selbst Merkmale wie Religiosität, Essgewohnheiten oder die Dauer einer Ehe genetische Komponenten haben können. Genversuche an Mäusen haben gezeigt, dass die Veränderung eines einzigen Gens, welchem Einfluss auf die Intelligenz zugeschrieben wird, die so genmanipulierten Mäuse schneller lernen lässt und ihr Erinnerungsvermögen an Gegenstände bis zu fünfmal länger als bei „normalen" Mäusen ist. Bei ähnlichen Versuchen wurde Mäusen ein „Treue-Gen" eingepflanzt, woraufhin sich diese mit der Monogamie anfreundeten. Dennoch ist Skepsis angebracht: Das Verhalten von Menschen ist weitaus komplizierter und stärker von sozialen Einflüssen geprägt als das von Mäusen. Aufschreie in der Wissenschaft nach der Entdeckung eines Gens, das für Kriminalität, Homosexualität oder Alkoholismus verantwortlich ist, sind deshalb mit äußerster Vorsicht zu beurteilen. Und dennoch bleibt klar, wie auch die vorher benannten Untersuchungen gezeigt haben, dass genetische Einflüsse das menschliche Verhalten beeinflussen.

Ein Großteil der Gene enthält also eine Gebrauchsanweisung für unseren Körper und ist damit bei allen Menschen grundsätzlich gleich. Einer der bedeutendsten Genforscher, Graig Venter, bezeichnet heute aber die Annahme, dass die genetische Ausstattung zweier Menschen sich nur um das oben erwähnte Promille unterscheidet, als „naiv", obwohl er selbst damals Urheber dieser Annahme war. Denn nicht nur die DNS und damit die Existenz der darin enthaltenen Gene spielen für den menschlichen Organismus eine entscheidende Rolle, sondern auch die so genannten Epigenome: Dies sind chemische Anhängsel, die entlang der DNS verteilt sind. Sie wirken als Schalter, die die Gene an- und ausknipsen. In den vergangenen Jahren haben Epigenetiker große Fortschritte im Verständnis dieser übergeordneten Steuermechanismen erzielt und dabei erstaunliche neue Erkenntnisse gewonnen, die Teile der bisherigen Genforschung auf den Kopf stellen. Dabei wurde immer klarer, dass das Epigenom für die Entwicklung eines gesunden Organismus ebenso wichtig ist wie die DNS selbst. Deutlich wurde bei den Forschungen auch, dass Epigenome durch äußere Einflüsse weit leichter als die Gene verändert werden können. Ernährung, Verhalten und Umweltbedingungen der heute Lebenden scheinen einen immensen Einfluss auf den Charakter und die Gesundheit der Nachkommen – auch weit entfernter – zu haben. Denn durch die Ernährung, das Verhalten und Umwelteinflüsse verändern sich mittels der Einwirkung von chemischen Stoffen die Epigenome. Diese chemischen Stoffe können Vitamine, Enzyme, Hormone sein, also Stoffe, die entweder von außen über die Ernährung oder andere Umwelteinflüsse einwirken, oder aber die der Mensch durch sein Verhalten selber produziert. Viele der damit beschäftigten Wissenschaftler sind sich mittlerweile sicher, dass auch die Epigenome vererblich sind. Das würde bedeuten, dass wir nicht nur über unsere DNS und unsere äußeren Einflüsse auf unsere Nachkommen, sondern auch über die Epigenetik als Schnittstelle zwischen diesen beiden Formen der Einflussnahme Verantwortung für unsere Kinder und Kindeskinder übernehmen müssen. Entsprechend könnten einige heute verbreitete Krankheiten weit zurückliegende epigenetische Ursachen haben. Einige der mit der Epigenetik befassten Forscher denken daher, dass unser epigenetisches Erbe eine Reihe von Persönlichkeitsmerkmalen - darunter Temperament und Intelligenz – beeinflusst. Deshalb dauere es vermutlich mehrere Generationen, um in einer Bevölkerung die Folgen wieder wettzumachen, die Armut, Krieg und Vertreibung im epigenetischen Code hinterließen. Denn die Vererbung epigenetischer Merkmale endet nicht bei den unmittelbaren Nachkommen, sondern kann sich weiter fortpflanzen, bis zu den Enkeln, Urenkeln, Ururenkeln. Studien über Mütter, die im Westen der Niederlande während des Zweiten Weltkriegs lange Hunger litten, zeigen, dass deren Nachkommen jedenfalls bis zur dritten Generation häufig an Stoffwechselkrankheiten wie Diabetes leiden. Die Ernährung der Großmütter macht also tatsächlich noch deren Enkel krank.

Die Unterscheidung in äußere und genetische Einflüsse auf das Wesen des Menschen lässt sich also offenbar so nicht ziehen, sondern muss in viel stärker verwobener Weise als bisher angenommen gesehen werden. Gene und Umwelteinflüsse existieren nicht in getrennten Sphären, sondern beeinflussen sich gegenseitig; die Schnittstellen scheinen die Epigenome zu sein. Die molekularen Änderungen im Erbgut durch die Epigenome sind das Sprachrohr, über das Umwelt und Gene miteinander kommunizieren.

Soweit also der gegenwärtige Stand der Genetik zu der Frage, was das Wesen des Menschen als Individuum ausmacht. Dabei bediente ich mich der erhältlichen wissenschaftlichen Lektüre und gab diese wieder, zu eigenen Erkenntnissen bin ich nicht in der Lage. Allerdings hat mir die Beschäftigung mit diesem Thema gezeigt, dass sich unsere Wissenschaft noch weitgehend im Dunkeln befindet und lediglich manchmal etwas ertastet, was sich u.U. schnell wieder als etwas völlig anderes herausstellt. Der tatsächliche Mehrwert einer totalen wissenschaftlichen Entschlüsselung des eigenen Selbst erscheint überdies ausgesprochen zweifelhaft. Nicht zuletzt deshalb will ich den wissenschaftlichen Weg verlassen und mich selbst auf die Suche nach der Antwort begeben, wer ich eigentlich bin.

Um zu erfahren, wer ich selbst bin, und warum ich so bin, liegt es auf der Hand, dass ich mich zunächst selbst kennen lernen muss. Dies ist der Schlüssel zum Selbst. Dabei bringt es uns keinen Nutzen, die genauen Abläufe unseres Körpers zu kennen. Dies mag interessant sein, und wird womöglich die Sensibilität für unseren Körper erhöhen, worauf ich später noch zurückkommen werde, wird uns aber hinsichtlich der Bestimmung unserer Individualität wenig helfen.

Jeder trägt sich selbst schon eine ganze Weile mit sich herum, und doch fällt auf, dass mancher sich selbst nicht wirklich kennt. Sich selbst zu kennen impliziert, seine eigenen Stärken und Schwächen zu kennen, zu diesen offen und ungezwungen zu stehen, und nicht zu versuchen, sich anders darzustellen, als man selbst ist. Ein Anzeichen für ein hohes Maß an Selbsterkenntnis ist es, sich sowohl in der Einsamkeit als in Gesellschaft wohl zu fühlen, da man weder von Bestätigung abhängt noch vor Ablehnung Angst hat. Authentizität ist ein starkes Zeichen von Selbsterkenntnis, das größte wohl die reife Selbstliebe.

Doch wie lerne ich mich besser kennen? Ich habe hierfür kein Patentrezept, weil dies immer auch ein sehr persönlicher Weg ist, an dem ich zudem noch ganz am Anfang stehe. Der Weg zur Selbsterkenntnis ist sicher der schwerste im Leben und erfordert sehr viel Mut und Tapferkeit. So meint schon ein fernöstliches Sprichwort: „Die Selbsterkenntnis ist eine Tugend, die von den Menschen am schwersten erkämpft werden muss." Dennoch werde ich versuchen, einige für mich hilfreiche Schritte auf diesem Weg zu beschreiben.

Zunächst sollte ich damit beginnen, mich selbst aufmerksam zu beobachten. Welche Verhaltensmuster lege ich an den Tag, was macht mir Freude, wann und wie fühle ich mich wohl und ausgeglichen. Besonders sensibel sollte ich versuchen, meine Ängste zu spüren und inwieweit diese mein Verhalten beeinträchtigen. Natürlich ist damit nicht nur die oberflächliche, leicht zu ergründende Angst etwa vor einer bevorstehenden Aufgabe gemeint. Ich meine vielmehr die in uns allen tief sitzende Urangst, die bei jedem von uns Ursprung all unserer Sorgen und Gedanken über unser Leben ist. Ein wichtiger Schlüssel dazu sind das Alleinsein und die Einsamkeit. Nur in diesem Zustand lerne ich mich selbst wirklich kennen, nur ohne Ablenkung durch die überwältigenden Einflüsse von Außen bin ich in der Lage, mich selbst zu spüren. Vielfach gibt uns aber die heutige Schnelllebigkeit keine Zeit und Muße, mit uns selbst ein wenig zu verweilen. Doch Einsamkeit und Alleinsein müssen nicht in einem monatelangen Trip durch Indien gesucht werden, die wenigsten haben Zeit oder Geld für diesen Luxus, fast niemand beides. Aber einmal am Tag für wenigstens fünf Minuten inne zu halten, eigener Reflexion Raum zu geben oder am Besten ein wenig Meditation zu üben, ist schon ein bedeutender Schritt. Weiter ist es sicher hilfreich, gelegentlich einen Abend bewusst alleine zu verbringen oder einen Ausflug, ja sogar eine Reise, alleine zu unternehmen.

Sobald ich anfange, über mich nachzudenken, mich zu fühlen, aber auch mich manchmal bewusst im Alltag zu beobachten, werde ich unweigerlich auf gewisse Verhaltensmuster und Prägungen stoßen, die mich von anderen unterscheiden. Vielleicht stelle ich fest, dass ich sehr kontaktfreudig bin, dass ich zu Jähzorn neige, dass ich leicht begeisterungsfähig bin, dass ich wissbegierig bin. Hilfreich kann es dabei auch sein, andere Menschen, zum Beispiel meine Freunde, zu beobachten und zu hinterfragen, um die Unterschiede in den Charakteren zu erkennen. Wenn ich nun solche Beobachtungen anstelle und dabei sensibel vorgehe, werde ich einiges über mich lernen. Und natürlich kommt dann wieder die Frage auf, wieso ich so bin, woher dieses Selbst kommt.

Die genetische Veranlagung ist dabei sicher die eine Seite, dazu wurde bereits das Mögliche gesagt, die andere sind äußere Umwelteinflüsse. Mit diesem weiten Begriff sind alle Einflüsse gemeint, die von meiner Entstehung an auf mich einwirken. Besonders bedeutend sind hier in erster Linie unsere Eltern. All unsere Eigenschaften, unser gesamtes Sein ist in solch immenser Weise von unseren Eltern bestimmt, dass der wichtigste Schlüssel zum Selbst über unsere Eltern führt. Im Verhalten nahezu eines jeden Menschen findet sich unglaublich viel vom Verhalten und den Denkmustern seiner Eltern. Natürlich kann ich hier wieder die liebe Wissenschaft bemühen und von den Genen und Epigenomen sprechen, doch dies sei hier beiseite gelassen.

Das Verhalten der Eltern hinterlässt schon in den ersten Lebensjahren in unserer Psyche und in unserem Charakter Spuren, die uns unser ganzes Leben lang begleiten werden. Vernachlässigung und Liebesentzug werden in aller Regel zu Minderwertigkeitskomplexen und Unfähigkeit, selbst Liebe zu zeigen, führen, überzogene Vorsicht und wenig Zutrauen in die Fähigkeiten des Kindes zu Übersensibilität oder Verunsicherung, bedingungslose Zuneigung und Liebe zu Rückhalt und Vertrauen in sich Selbst, sie können aber auch zu Egoismus verleiten, ständiges Loben kann zu Arroganz und Kritikunfähigkeit führen. Eltern, die sich mehr um ihre Arbeit kümmern als um ihre Kinder, werden oft Kinder haben, die zeitlebens an einem Anerkennungsdefizit leiden. Unendliche weitere Prägungen werden uns schon in den ersten Lebensjahren mitgegeben. Jeder hat hier seine eigenen Erfahrungen mit sich und seinem Umfeld. Natürlich ist dabei nichts schwarz oder weiß, kein Mensch wird sich unter den gleichen Einflüssen identisch mit einem anderen entwickeln, platte Pauschalaussagen verbieten sich. Und doch sind viele Muster so häufig zu beobachten, dass ein gewisser Wahrheitsgehalt nicht zu verleugnen ist.

Auch die Anzahl der Geschwister ist sehr prägend für den weiteren Lebensweg. Einzelkinder tun sich oft schwer mit Entscheidungen und neigen zu Egoismus, weil sie zuhause immer alles bekommen haben. Bei drei Geschwistern neigt der Mittlere manchmal zu Verunsicherung und Identitätszweifeln, der Älteste ist oft nach außen sehr selbstbewusst und charismatisch, der Jüngste ist häufig sehr eigenbrötlerisch oder macht vieles wirklich so, wie er will. Gründe könnten sein, dass der Mittlere zwischen dem ältesten und dem jüngsten Kind in der Aufmerksamkeit der Eltern verloren ging, der Älteste seine Prinzenstellung nie mehr hergab und der Jüngste durch nachlassende Strenge der Eltern (mit Erfahrung und Alter werden Eltern meist nachlässiger und damit milder) tun und lassen konnte, was er wollte. Ebenso kommt es aber häufig vor, dass bei weiter steigender Anzahl von Geschwistern der Älteste in Vergessenheit gerät und zum Außenseiter wird. Auch hier kann niemals pauschaliert werden, denn die Persönlichkeiten der Eltern und der Umgang mit ihren Kindern sind natürlich sehr verschieden. Es kann aber kaum bestritten werden, dass die Anzahl der Geschwister und das damit verbundene Verhalten der Eltern Einfluss auf die Persönlichkeit ausübt.

Auch bei der Wahl des Berufsstands zeigt sich der Einfluss der Eltern. Jeder mag seine eigene oder die Situation einiger Freunde betrachten: Die Kinder eines Wirtschaftsmanagers, sie werden sich häufig im Berufsstand der Wirtschaft wieder finden, Juristen zeugen oftmals Juristen, auf Pädagogen folgen meist Geisteswissenschaftler, die Handwerker lassen auch ihre Kinder handwerken, und die Praxen vieler Ärzte werden nicht selten später von ihren Kindern übernommen. Natürlich gilt dies nicht immer, und je weniger angesehen oder erfolgreich die Eltern waren, desto weniger werden ihre Kinder versuchen in ihre Fußstapfen zu treten; zudem ist vieles natürlich auch der wirtschaftlichen Gegebenheit oder Notwendigkeit geschuldet, Pauschalierungen verbieten sich auch hier. Dennoch bleibt es auffällig, wie sehr in einem so bestimmenden Lebensbereich wie der Arbeit nicht die eigenen Neigungen und Talente, sondern die Vorgaben der Eltern bestimmend zu sein scheinen.

Zum Kennenlernen des eigenen Selbst ist daher eine Auseinandersetzung mit der eigenen Familie unerlässlich. Nur wer die Prägungen der Eltern und Geschwister und im Weiteren auch der Groß- und Urgroßeltern beleuchtet, kann eine Ahnung davon bekommen, wie sich die eigene Persönlichkeit zusammensetzt. Manche Prägungen, die einem Probleme bereiten, können so über ihre Ursache leichter bearbeitet werden; auch die positiven Seiten des eigenen Charakters können besser zugeschrieben werden. Es bleibt anzuerkennen, dass eine gänzliche Aufschlüsselung des eigenen Charakters in vererbte und anerzogene Muster niemals gelingen kann und auch nicht sollte. Jedoch kann man mithilfe eigener Beobachtungen und Erkenntnisse versuchen, das zu ermitteln, was von anderen übertragen wurde und was „eigene" Neigungen und Erfahrungen sind, um so näher zu sich selbst zu gelangen. Dass dabei die vererbten Prägungen und das angelernte Verhalten letztlich auch ein Teil des Selbst geworden sind, lässt sich dann verarbeiten und akzeptieren. Denn die Kenntnis der Muster, die man tradiert bekommen hat, sollte nicht dazu führen, diese für immer abzulegen oder zu geißeln. Vielmehr sind sie Bestandteil des Selbst, müssen manchmal nur richtig eingeordnet werden, manchmal einfach nur betrachtet werden, manchmal sicher auch überwunden werden.

Ich selbst habe hier als besonders schöne Hilfe im Auffinden familiärer Prägungen das Familienstellen nach Hellinger empfunden. Mit einem sensiblen, achtsamen Familiensteller - leider wird hier von Pseudopsychologen auch viel Schindluder getrieben - können erstaunliche Prägungen und Zwänge aufgedeckt werden, die teils über Generationen tradiert wurden. Diese Therapie fügt sich nun sogar in die neuesten wissenschaftlichen Erkenntnisse zu der Wirkung der Epigenome ein und erhält damit ein „wissenschaftliches" Fundament für jeden, für den ein solches unerlässlich ist. Beispielsweise wurden die Wirkungen auf die Epigenome der von Hellinger immer wieder beschriebenen Prägungen durch Kriege für die nachfolgenden Generationen oben bereits erwähnt. Die enorme Bedeutung der Familie wird aber auch in den herkömmlichen, psychotherapeutisch voll anerkannten Formen der Familientherapie zur Lösung von Konflikten oder „einfach" als Schlüssel zum Selbst eingesetzt. Die befreienden bzw. erhellenden Erkenntnisse und

Auswirkungen, die von einer von Experten geführten Aufdeckung der familiären Verflechtungen und Verstrickungen ausgehen, wären unzweifelhaft für jede Familie, wie „perfekt" diese auch sein mag, eine ungeheure Bereicherung.

Bei der Auseinandersetzung mit den elterlichen Prägungen liegt es auf der Hand, dass es sehr hilfreich ist, wenn man seine Eltern in diesen Prozess mit einbezieht. Gespräche mit den Eltern über ihre eigene Kindheit, über ihre Ängste und Sorgen der Vergangenheit und heute, tragen dazu bei, die eigenen Eltern besser kennen zu lernen und damit einen wichtigen Baustein zu sich selbst zu finden. Erstaunlich häufig muss man feststellen, wie wenig Kinder ihre eigenen Eltern wirklich kennen. Man weiß vielleicht über den letzten Theaterbesuch, die zurückliegenden Urlaube der Eltern viel, aber die persönliche Geschichte und das Wesen der eigenen Eltern sind vielfach große Unbekannte. Ursächlich dafür ist auch das angelernte Rollenverhalten zwischen Eltern und Kind, das zunächst eine solche Auseinandersetzung nicht beinhaltet. Mit dem Eintritt ins Erwachsenenalter des Kindes sollte aber dieses verbrauchte Rollenverhalten Eltern-Kind abgelegt werden und ein reiferes, nicht weniger liebevolles Verhältnis gefunden werden.

Nach einer Auseinandersetzung mit den familiären Prägungen kann ich die weiteren Umwelteinflüsse betrachten: Freunde, gesellschaftliches Umfeld, kulturelle Strömungen. Auch die haben mich zu einem Teil zu dem gemacht, der ich bin, allerdings ist der Einfluss geringer als der genetische und der familiäre. Eine intensive Reflexion verdienen diese Bereiche aber allemal. Als Bestandteil seines Selbst sollte man aber nicht nur seinen Geist betrachten, sondern sich auch dem eigenen Körper vertieft widmen. Unser Körper ist neben unserem „Geist" das großartigste Instrument, über das wir verfügen. Vielfach wird er aber leider sehr abschätzig, wie ein austauschbarer Gebrauchsgegenstand, benutzt. Ich sollte meinem Körper Aufmerksamkeit schenken, etwa indem ich ihn bewusst betrachte, eine Körpermeditation, also bewusstes Spüren einzelner Körperteile, durchführe, ihn bewusst bewege und zu seiner Erhaltung Sport treibe. So kommt es nicht von ungefähr, dass in den meisten ostasiatischen Meditationsschulen neben der Selbsterkenntnis in geistiger Hinsicht körperliche Übungen wie Chi Gong oder Yoga hinzutreten.

Im Laufe eines solches Prozesses der Selbstreflexion werden sich weitgehend automatisch zwei sehr wertvolle Dinge einstellen: Zum einen wird man beginnen, an sich selbst vermehrt zu arbeiten. Indem man feststellt, dass der eigene Charakter diese oder jene Schwäche aufweist, die man nicht einfach hinnehmen möchte, da sie einem Ärger oder Sorgen verursacht, wird man durch bewussten Umgang mit dieser Schwäche, sei es durch Beobachtung, über Gespräche mit Dritten oder über eine Familienaufstellung, einen Prozess in Gang setzen, der einen unweigerlich verändert. Natürlich kann man keine zu großen Schritte erwarten, aber eine Veränderung stellt sich bei bewusstem und aufrichtigem Vorgehen jedenfalls ein.

Zum anderen folgen aus einer gesteigerten Selbsterkenntnis auch das Verständnis und damit die Akzeptanz gewisser Schwächen und Fehler, sei dies in charakterlicher, geistiger oder körperlicher Hinsicht. Nur wenn ich mich selbst im Positiven wie im Negativen wahrnehme, kann ich beginnen, mich selbst zu lieben. Dass die Liebe zu sich selbst der einzig wahre Schlüssel zu einem erfüllten Leben ist, ist hoffentlich schon länger kein Geheimnis mehr. Denn nur aufbauend auf wahrer Liebe zu sich selbst kann Ausgeglichenheit, Herzlichkeit und aufrichtige Liebe zu den Mitmenschen und dem gesamten Umfeld entstehen.

Der Weg zu einer wahren, tiefen Selbsterkenntnis ist ein sehr schwerer, langer, sicher teilweise entbehrungsreicher Weg, der viele unbequeme und schmerzhafte Entscheidungen von uns verlangen mag. Die Tapferkeit und der Mut, aus seinem gesteigerten Wissen und Gefühl für sich selbst Entscheidungen zu treffen, die Auswirkungen auf unseren Alltag, unseren Beruf, unsere Beziehungen oder auf unsere Bequemlichkeit haben, mögen für Dritte oft unverständlich sein, sind aber manchmal unvermeidlich. Hier wird sich zeigen, wie sehr Familie und Freunde einen wirklich lieben oder nur das unveränderliche Bild von uns in ihren Köpfen. Wie weit man diesen Weg gehen möchte, muss sicher jeder für sich selbst entscheiden.

Die Frage nach dem Selbst werde ich in wissenschaftlicher Hinsicht nicht beantworten können, einige der neuesten wissenschaftlichen Erkenntnisse sind aber sicherlich interessant. Um seinem Selbst näher zu kommen, halte ich vielmehr die Auseinandersetzung mit sich selbst in einem oben beschriebenen Weg für hilfreich. Eine Auseinandersetzung mit seinen Stärken und Schwächen, mit seinen Prägungen, Einflüssen und seinem Körper. Dabei wird man lernen, zu manchem zu stehen, was man über sich erfahren hat, an anderem weiter zu arbeiten. So kann man versuchen, einem sehr weisen Lebensmotto zu folgen, das von Konfuzius stammt und welches Hermann Hesse als das Wichtigste im Leben eines Menschen bezeichnete: „Sei Dir selbst treu und gütig zu Deinen Mitmenschen". Wer sich selbst weder kennt noch liebt, dem ist es unmöglich, sich selbst treu zu sein.
Hans Jakob Christoffel von Grimmelshausen hat dem weisen Einsiedler in seinem Werk „Der Abentheuerliche Simplicissimus Teutsch" dazu folgende Worte in den Munde gelegt: „Folge anstatt deines unnützen Geschreis meinen letzten Worten, welche sind, dass du dich je länger je mehr selbst erkennen soll-

test, und wenn du gleich so alt als Methusalem würdest, so lass solche Übung nicht aus dem Herzen, denn dass die meisten Menschen verdammt werden, ist die Ursache, dass sie nicht gewusst haben, was sie gewesen, und was sie werden können oder werden müssen." Max Frisch legt seinem Protagonisten in einem der faszinierendsten Romane über die Identitätssuche des Menschen, dem „Stiller", folgende Worte in den Mund: „Dass ein Leben ein wirkliches gewesen ist, es ist schwer zu sagen, worauf es ankommt. Ich nenne es Wirklichkeit, doch was heißt das! Sie können auch sagen: dass einer mit sich selbst identisch wird. Anderenfalls ist er nie gewesen!"

Man wird dennoch auf Menschen stoßen, die eine Auseinandersetzung mit dem eigenen Ich für überflüssig und uninteressant halten. Weil sie fürchten, keine handfesten Antworten zu erhalten, oder weil sie in dieser Phase ihres Lebens andere Schwerpunkte setzen. Bei seiner Suche wird man auch manchmal auf Unverständnis und Argwohn von Menschen stoßen, die die Suche nach ihren Idealen und Träumen längst aufgegeben haben, da sie sich durch sie gestört fühlen in ihrem eingefahrenen Leben. Manche Menschen können mit dem Begriff der Selbsterkenntnis nicht einmal etwas anfangen, so sehr sind sie in die Rolle, in die sie gesteckt wurden, eingetaucht. All dies ist nicht nur verständlich, sondern als der Weg eines anderen Menschen sogar vermutlich richtig. Allerdings kann ich nicht ablassen, mir über mich selbst Gedanken zu machen. Obwohl ich weiß, dass ich keine endgültigen Antworten finden werde, sondern hoffentlich „nur" meinen eigenen Weg.

Über Freiheit

Einleitung

Ist der Mensch in seinen Entscheidungen frei? Gibt es einen freien Willen? Oder ist der freie Wille, wie wir alle ihn täglich auszuüben gedenken, eine pure, aber gut versteckte Illusion? Diese Frage beschäftigt schon seit dem Beginn des Denkens die Menschheit. Nicht nur die antike griechische und römische Philosophie, frühe Religionsphilosophen, die Philosophie der Aufklärung, zahllose zeitgenössische Denker wie auch der Buddhismus und die großen monotheistischen Weltreligionen waren und sind mit diesem Thema beschäftigt. Die neusten Ergebnisse der Hirnforschung geben diesem uralten Thema derzeit eine neue Aktualität. Ich will versuchen, meine eigenen, bescheidenen Überlegungen, angereichert um einige neue wissenschaftliche Erkenntnisse, hinzu zu fügen.

Ich möchte mit einem Zitat von Einstein beginnen, welches das Dilemma mit dem freien Willen sehr schön aufschlägt: „Ich weiß ehrlich nicht, was die Leute meinen, wenn sie von der Freiheit des menschlichen Willens sprechen. Ich habe zum Beispiel das Gefühl, dass ich irgend etwas will; aber was das mit Freiheit zu tun hat, kann ich überhaupt nicht verstehen. Ich spüre, dass ich meine Pfeife anzünden will und tue das auch; aber wie kann ich das mit der Idee der Freiheit verbinden? Was liegt hinter dem Willensakt, dass ich meine Pfeife anzünden will? Ein anderer Willensakt? Schopenhauer hat einmal gesagt: ‚Der Mensch kann tun was er will; er kann aber nicht wollen was er will‘.“

Auch um dieses Zitat besser zu verstehen, müssen wir als Ausgangspunkt die Frage beantworten, was unter einem freien

Willen zu verstehen ist. Der Begriff der Freiheit muss diesbezüglich kurz erläutert werden. Eine Entscheidung soll hier dann als frei gelten, wenn man die Wahl zwischen Alternativen gehabt hat, man also anders hätte entscheiden können, als man es tatsächlich tut (Wahlbedingung). Hierin liegt mit Sicherheit das wesentliche Charakteristikum einer freien Entscheidung. Der Vollständigkeit halber sei auf die weiteren, eigentlich als selbstverständlich betrachteten Bedingungen hingewiesen. So muss die Entscheidung von der Person selbst abhängen (Urheberschaftsbedingung) und ihrer Kontrolle ohne äußeren Zwang unterliegen (Kontrollbedingung). Unter diesen Vorgaben ergibt sich die berechtigte Frage, ob diese Bedingungen beim Menschen jemals vorliegen können. Zu unterscheiden ist die hier behandelte Willensfreiheit übrigens von der Handlungsfreiheit. Eine Person ist in ihrem Handeln frei, wenn sie tun kann, was sie tun will. Es ist unbestritten, dass Handlungsfreiheit auch bei Verneinung eines freien Willens gegeben ist. Zur Klarstellung sei wiederholt, dass die Willensfreiheit die Frage behandelt, ob der Mensch wollen kann, was er will.

Unser Verstand gibt uns allen das Gefühl, dass unser Leben von unseren freien Entscheidungen mehr oder weniger gesteuert wird. Der Zufall und Umstände, die nicht in unserem Einfluss liegen, mögen ebenso eine Rolle spielen, aber am freien Willen wird meist nicht gezweifelt. Schließlich entscheide ich doch selbst, ob ich nun einen Kaffee oder einen Tee bestelle, oder ob ich den Beruf des Anwalts wähle oder den des Unternehmensberaters. Von der einfachsten Entscheidung des täglichen Lebens scheinbar ohne größere Auswirkungen bis zur weitreichendsten Wahl der Lebensführung glauben wir, tatsächlich eine Wahl gehabt zu haben, uns auch für den Tee anstelle des Kaffees oder den Anwaltsberuf anstelle der Unternehmensberatung hätten entscheiden zu können. Allein so einfach ist es, fürchte ich, nicht.

Zunächst sollten wir die menschliche Wahrnehmung ein wenig genauer beleuchten, um dem Wesen jeder menschlichen Entscheidung näher zu kommen. Denn jede Entscheidung entspringt unserer persönlichen Wahrnehmung. Wir nehmen sämtliche Phänomene, die wir als geistige, psychische oder seelische bezeichnen, als Realitäten einer immateriellen Welt wahr. Dazu gehören unsere Gefühle wie Trauer, Glück, Neid, Freude oder Kränkung ebenso wie unsere Gedanken und unsere moralischen Werte und ethischen Haltungen. An der Existenz dieser immateriellen Realität, die wir als unser Selbst wahrnehmen, zweifeln wir ebenso wenig wie unsere Sinneswahrnehmung an der Existenz der materiellen Welt (dazu vertiefend mein Aufsatz „Über Subjektivität"). Wir erfahren uns als vom Körperlichen getrennte Wesen, die einen eigenen Willen, ein eigenes Wesen haben und schreiben uns und anderen deshalb Verantwortung für unser Tun zu. Wir haben den Eindruck, beseelt zu sein, und über eine geistige Dimension zu verfügen, die ein Stein, eine Sonnenblume oder ein Zebra nicht haben. Allerdings sei eingeworfen, dass Neurobiologen in hoch entwickelten tierischen Gehirnen Selektions- und Speichermechanismen entdeckt haben, die zu der Annahme führen, dass auch diese höher entwickelten Tiere so etwas wie ein Bewusstsein haben. Fraglich ist, wie sich dieses hoch komplexe, dezentral organisierte System, das menschliche Gehirn, selbst bewusst wahrnehmen kann. Denn dies ist der Schlüssel dazu, warum wir eine Entscheidung überhaupt als bewusst und damit frei wahrnehmen können. Eine gesicherte Antwort auf die Frage der Selbstwahrnehmung gibt es bisher nicht. Hier kann man natürlich mit der Existenz einer unsterblichen Seele argumentieren. Dieser Ansatz liegt zunächst auf der Hand und hat seit Anbeginn der Menschheit im nächsten Schritt zur Entstehung von Religion geführt. Die Seele als Verortung des „Selbst" unabhängig von unserem Körper und deren Unsterblichkeit durch ein wie auch immer gestaltetes Leben nach dem Tod findet sich in nahezu allen Religionen. Meine Skepsis dieser freilich angenehmen Vorstellung gegenüber habe ich in meinem Aufsatz „Über Religion" ausführlich zum Ausdruck gebracht. Verlassen wir deshalb nun einmal die spirituelle, übernatürliche Sichtweise und halten uns an das, was wir abgesehen von reinem „Glauben" zumindest halbwegs schlüssig annehmen können. Denn die Existenz einer unsterblichen Seele ist jedenfalls für mich schwer greifbar. Jeden, der das Glück hat, fest an eine unsterbliche Seele zu glauben, bitte ich, sich mit mir hier einmal auf eine etwas materialistische Sichtweise einzulassen. Es bleibt zu betonen, dass diese Ausführungen Hypothesen bleiben, da wir die Grenzen nicht kennen, jenseits derer die Vorstellungskraft unseres Gehirns endet. Diese Hypothesen erscheinen mir jedoch stichhaltiger als ein unreflektierter Glaube an den „total" freien Willen. Werfen wir also unseren Blick auf das menschliche Gehirn. Wie konnte beim Mensch ein Bewusstsein, eine Wahrnehmung des eigenen Selbst entstehen? Die Hirnforschung steht hier noch vor vielen großen Rätseln. Das menschliche Gehirn bleibt auch in unserer verwissenschaftlichten Welt eines der größten Mysterien, dessen Funktion, Arbeitsweise und Komplexität nur erahnt werden kann. Dennoch gibt es von namhaften Neurobiologen ernstzunehmende Hypothesen, die womöglich stichhaltiger sind als reiner „Seelenglaube".

Laut Neurobiologie beruhen unsere menschlich-geistigen Qualitäten, die uns von anderen Lebewesen unterscheiden (soweit wir dies beurteilen können), insbesondere unsere Selbstwahrnehmung, hauptsächlich auf der größeren Anzahl von Großhirnrinde-Neuronen. Der Neurobiologe Singer hat nun eine für mich sehr eingängige Antwort darauf gefunden, wieso diese große Anzahl von Neuronen zur Selbstwahrnehmung führt. Ihm zufolge ermöglicht das menschliche Gehirn zwei Fähigkeiten, die für die Wahrnehmung des Selbst verantwortlich seien und die andere Lebewesen nicht besäßen: Zum einen verfüge nur der Mensch über die Fähigkeit, sich zumindest theoretisch in die Position eines anderen Lebewesens zu versetzen. Nur wir haben die Möglichkeit, uns vorzustellen, was im anderen vorgeht, wenn dieser sich in einer bestimmten Situation befindet. Tiere haben mit Ausnahme der großen Menschenaffen, bei denen dies im Ansatz möglich zu sein scheint, diese Fähigkeit nicht. Der zweite große Faktor, der womöglich ein Bewusstsein entstehen lässt, sei die sprachliche Kommunikation. Weitere Neurowissenschaftler sind ebenfalls der Ansicht, dass es die Sprache ist, die das Selbst entstehen lässt. Nur so könnten sich Gehirne in der Wahrnehmung des Gegenübers spiegeln, und nur so sei letztlich die Erkenntnis des eigenen Selbst möglich. Dies sind für mich schlüssige, wenn auch sicher nicht abschließende Erklärungsversuche. Unser Bewusstsein könnte also auf die enormen Fähigkeiten unseres Gehirns zurückzuführen sein. Was hat nun aber die Wahrnehmung des Selbst mit einer freien Entscheidung zu tun? Der Mensch nimmt sich als Person mit eigenem Bewusstsein wahr, ohne dieses Bewusstsein aber tatsächlich irgendwo verorten zu können. Und der nächste Schritt ist logischerweise, die diesem Bewusstsein offenbar innewohnende Fähigkeit zur freien Entscheidung uns selbst zuzuschreiben. Auf die gleiche Weise, wie wir von einem Selbst ausgehen, nehmen wir genauso selbstverständlich unseren Willen als frei wahr. Beide Wahrnehmungsprozesse sind dabei sehr verwandt: Ich bin ich, und ich kann frei über meine nächsten Lebensschritte entscheiden. Wenn aber unser Bewusstsein nicht auf eine unsterbliche Seele, sondern auf die Fähigkeiten unseres

Gehirns zurückzuführen ist, könnte auch jede Entscheidung weniger von einem unsterblichen Selbst als von einem Prozess unseres Gehirns abhängen.

Wesen einer Entscheidung

Was aber ist eine Entscheidung und wie treffen wir sie? Jeder menschlichen Entscheidung liegen zunächst bestimmte Beweggründe zu Grunde, die den Ausgang der Entscheidung geprägt und letztlich entschieden haben.

Bei einer bewussten Entscheidung glauben wir, unseren freien Willen auszudrücken. Die Gründe für eine bewusste Entscheidung können sachliche Argumente einer vorbildlichen Pro- und Contra-Liste sein, oder aber auch Emotionen und Gefühle, die die Entscheidung hervorgerufen haben. Dazwischen gibt es jede mögliche Abstufung zwischen der kaum denkbaren rein rationalen oder rein emotionalen Entscheidung. Auch bei jeder bewussten Entscheidung liegen aber neben den bewussten auch unbewusste Gründe für sie zugrunde. Bewusst sind Gründe dann, wenn ich sie mir von meinem Verstand offen ins Bewusstsein rufen kann. Unbewusste Gründe sind Parameter, die genetisch oder erfahrungsbedingt in mir angelegt sind und in meinen Entscheidungsprozessen eine Rolle spielen, ohne dass ich mir dessen bewusst bin. Reine „Zufallsentscheidungen" möchte ich hier einmal weglassen, da sie uns beim Ergründen des freien Willens offensichtlich nicht behilflich sind. Wir stellen also fest, dass jeder menschlichen Entscheidung, die nicht dem Zufall überlassen werden soll, bestimmte Parameter zu Grunde liegen. Diese Parameter liegen zur Zeit der Entscheidung vor und werden im Gehirn, im Bauch oder im Herzen (letztlich natürlich nur im Gehirn, aber vielleicht fühlt sich mancher mit diesem Gedanken nicht sehr wohl…)

zu einer Entscheidungsfindung genutzt. Etwas Neues, außer dem Ergebnis selbst, wird bei der Entscheidung nicht hervorgebracht. Das Ergebnis ist also nicht durch Zufall entstanden, sondern liegt in all den eben genannten Parametern begründet. Die Parameter sind dabei unendlich vielzähliger, als sie uns mit unserem Verstand wahrnehmbar erscheinen.

Die Parameter sind also ursächlich für die Entscheidung. Eine Ursache führt zu einer Wirkung, die Wirkung ist in unserem Fall die Entscheidung. Normalerweise sind Ursachen und Wirkungen Ereignisse. Mit dem Satz „Die Scheibe zerbrach, weil sie von einem Stein getroffen wurde" führen wir ein Ereignis (das Zerbrechen der Scheibe) auf ein anderes Ereignis zurück (darauf, dass die Scheibe von einem Stein getroffen wurde). Ursachen sind Ereignisse, die andere Ereignisse – ihre Wirkungen – mit naturgesetzlicher Notwendigkeit zur Folge haben. Und d.h. zumindest: Immer wenn die Ursache vorliegt, tritt auch die Wirkung ein. Dies wird als Ereigniskausalität bezeichnet und ist in der gesamten Naturwissenschaft anerkannt und unbestritten.

Liegen also bestimmte Ursachen vor, bei einer menschlichen Entscheidung alle bewussten und unbewussten Parameter, ergibt sich zwangsläufig eine Wirkung, die Entscheidung. Da die Parameter im Zeitpunkt der Entscheidung bereits bestehen, ist die Entscheidung zwangsläufig, so wie bei einer bestimmten Größe des Steins zwangsläufig bei einem Wurf von einer bestimmten Entfernung die Glasscheibe zerbricht. Unser Eindruck frei zu sein bleibt vielleicht nur deshalb aufrecht erhalten, weil sich zwischen der Bedingtheit unserer Entscheidung und unserem Eindruck für uns kein wahrnehmbarer Widerspruch ergibt, denn wir nehmen die Zwangsläufigkeit und die unbewussten Motive per Definition nicht wahr. Wir können nur unsere bewussten Abwägungsprozesse und das Ergebnis des hirninternen Abwägungsprozesses wahrnehmen, und schreiben uns deshalb die Entscheidung als frei getroffen zu. Da uns alle unbewussten Vorgänge im Gehirn verborgen bleiben, erscheinen uns unsere im Bewusstsein auftauchenden Gedanken, Abwägungen und schließlich das Ergebnis als nicht verursacht, sondern als frei und nur unserem Wollen untergeordnet zu sein. Dies ist aber mit unseren Erfahrungen der in der Natur stets gültigen Ereigniskausalität nicht zu vereinbaren.

Würde es einen Supercomputer geben, in den ich alle Informationen meines Gehirns über eine meiner Entscheidungen, alle seit meiner Geburt erlebten Prägungen und Emotionen, alle meine genetischen Veranlagungen, schlicht alle Einflüsse und Informationen, die bei dieser Entscheidung bewusst oder unbewusst eine Rolle spielen, in ihrer unfassbaren Gesamtheit eingeben könnte, und würde der Computer dann einen Verarbeitungsprozess durchlaufen, der den neuronalen Prozessen unseres Gehirns gleicht, würde dieser Computer zwangsläufig die von mir später getroffene Entscheidung als Ergebnis ausspucken. Dieser Gedanke illustriert, was man darunter verstehen kann, wenn man der Ansicht ist, dass ein freier Wille nicht existiert.

Nietzsche meinte zu der Illusion des freien Willens: „Der ausschweifende Stolz des Menschen hat es dahin gebracht, sich tief und schrecklich gerade mit diesem Unsinn [des freien Willens] zu verstricken. Das Verlangen nach "Freiheit des Willens," in jenem metaphysischen Superlativ-Verstande, wie er leider noch immer in den Köpfen der Halb-Unterrichteten herrscht, das Verlangen, die ganze und letzte Verantwortlichkeit für seine Handlungen selbst zu tragen und Gott, Welt, Vorfahren, Zufall, Gesellschaft davon zu entlasten, ist nämlich nichts Geringeres, als eben jene causa sui zu sein und, mit einer mehr als Münchhausen'schen Verwegenheit, sich selbst aus dem Sumpf des Nichts an den Haaren in's Dasein zu ziehn", („Jenseits von Gut und Böse", Nr. 21).

Jedoch sind nicht alle Entscheidungen, die unser Gehirn trifft, bewusst, und damit als frei empfunden. Wir treffen auch unzählige unbewusste Entscheidungen, die jedoch gemäß unserer oben getroffenen Definition des freien Willens nicht als freie Entscheidung i.d.S. gesehen werden können. Dennoch wollen wir einen kurzen Blick auf sie werfen. Zum Beispiel werden viele Funktionen unseres Körpers wie der Blutzuckerspiegel, der Blutdruck oder die Körpertemperatur zwar registriert, die „Daten" vom Gehirn verarbeitet und in Regulationsprozesse umgesetzt, wir jedoch haben weder unmittelbaren Zugriff auf diese Daten, noch sind wir uns der daraus folgenden „Entscheidungen" bewusst. Auch viele weitere „Entscheidungen" des Alltags, wie einen Fuß vor den anderen zu setzen beim Gehen oder unzählige mehr, werden unbewusst getroffen. Es scheint, dass wir eine Entscheidung nur dann bewusst treffen, wenn wir ihr Aufmerksamkeit schenken. Der Unterschied zwischen einer bewussten und einer unbewussten Entscheidung liegt also nur darin, dass unser Gehirn wollte, dass wir bei der bewussten Entscheidung denken, wir hätten uns frei entschieden. Bei diesen bewussten Entscheidungen nun haben Neurowissenschaftler herausgefunden, dass die neuronalen Prozesse, die sich im Gehirn abspielen, sich von den Prozessen bei einigen unbewussten „Entscheidungen" nicht unterscheiden. Also auch vom wissenschaftlichen, nicht nur vom denklogischen Ansatz her, scheint einiges gegen den freien Willen zu sprechen, auch wenn diese Forschungsergebnisse sicher unter großen Vorbehalten zu beurteilen sind.

Warum sollten wir aber der Illusion erliegen, dass wir in unserer Entscheidung frei wären, dass wir uns auch anders entscheiden könnten? Warum soll uns unser Gehirn glauben machen, wir wären Herren über unsere Entscheidungen?

Der Neurobiologe Singer verweist auf folgende Erklärung: Zum einen lägen die Gründe in dem von uns persönlich gewonnenen Erfahrungshorizont. Wir und damit unser Gehirn seien schon von frühester Kindheit dahingehend konditioniert und geprägt, dass wir sehr wohl frei in unseren Entscheidungen sind. Die Erziehung unserer Eltern lehre uns, so und nicht anders zu handeln, was wir in der Hand hätten. Entsprechend werden wir bei „gutem" Verhalten belohnt, bei „schlechtem" getadelt. Unser Umgang von Kindesbeinen an lehre uns von Generation zu Generation unsere Entscheidungsfreiheit. Zum anderen biete die Illusion einer freien Entscheidung evolutionistisch unverzichtbare Vorteile gegenüber der unbewussten Entscheidung: Durch die Mitteilbarkeit der Gründe könne menschliches Verhalten wesentlich differenzierter aufgenommen werden als ohne Kenntnis der Gründe. Somit könne der Mensch Entscheidungen bewerten, Entscheidungsträger beurteilen und Verantwortung zuschreiben, was unerlässlich sei zur Entwicklung und Stabilisierung sozialer Systeme.

Zudem lässt sich der Abwägungsprozess differenziert gestalten und auf Regeln der Argumentationslogik stützen. Mittels eigener Wertungen ermöglicht die Natur eine Auswahl, eine Auslese und damit eine Entwicklung. Ohne diese Möglichkeit scheint ein geordnetes Zusammenleben mit solch komplexen Strukturen, wie sie der Mensch aufgebaut hat, nicht möglich. Es gibt also existentielle Gründe dafür, dass uns unser Gehirn mit der Illusion beglückt, unser Wille sei frei und wir könnten freie Entscheidungen aufgrund eines eigenen Abwägungsprozesses treffen.

Einwände

Die Argumentation, dass durch alle Parameter, die in uns bereits als bewusste oder unbewusste „Argumente" angelegt sind, eine Entscheidung hervorgerufen wird, diese also aufgrund von bestimmten, schon vorliegenden Gründen getroffen wird, mag vielleicht im Ansatz noch jeden überzeugen. Als großer Einwand wird dem aber entgegengebracht, dass die Manifestierung des freien Willens darin bestehe, dass es doch gerade meine Persönlichkeit selbst sei, die einem Parameter höheres Gewicht gibt als einem anderen. Wenn ich also aus einem bestimmten Grund eine Entscheidung treffe, nehme ich diese Wertung selbst vor, indem ich einem der Argumente mein persönliches Gewicht gebe. Hierin äußere sich der freie Willen des Menschen.

Womöglich ist aber diese persönliche Wertung, dieser angebliche Ausdruck des freien Willens eben eine Illusion. Zunächst einmal wird dies von wissenschaftlicher Seite nahe gelegt. Hirnforscher haben herausgefunden, dass es keinen Platz im menschlichen Körper, auch nicht im Gehirn, gibt, in dem sich das Selbst, die eigene Persönlichkeit befindet. Vielmehr werden bei jedem bewussten Entscheidungsprozess Hirnareale aktiviert, die auch bei unbewussten Entscheidungen, von denen wir täglich unzählige treffen, aktiviert werden. Aus rein naturwissenschaftlicher Sicht lässt sich also die Behauptung, irgendwo befinde sich mein Selbst, und das trifft die Entscheidung, nicht halten. Eine Kommandozentrale, die das „Ich" konstituiert, gibt es nicht. Zudem ist die Ansicht eines „Selbst" mit persönlicher Wertung mit der naturwissenschaftlichen Kausalität wohl kaum vereinbar. Wie oben bereits erwähnt, geht die Naturwissenschaft von der Ereigniskausalität (bzw. vom Verursacherprinzip) aus: Ursachen haben mit naturgesetzlicher Notwendigkeit ein Ereignis zur Folge. Wenn ich nun von freiem Willen ausgehen möchte, muss ich eine so genannte „Akteurskausalität" einführen, die sich außerhalb aller naturwissenschaftlichen Erfahrung und damit außerhalb des normalen Weltenlaufs befindet. Sie ist mit jeglichen bekannten Naturgesetzen unvereinbar. Überdies, und hier gelangen wir zu einem starken Argument, läuft der Glaube an eine Akteurskausalität auf Zufall bei Entscheidungen hinaus. Denn zu jeder Entscheidung gehören Gründe. Wenn ich mich aber einmal für A entscheide oder in derselben Situation aufgrund derselben Gründe für B, ist die Entscheidung, da dieselben Gründe einmal zu A, einmal zu B geführt haben, offensichtlich unbegründet und damit zufällig!

Die weit verbreitete Ansicht, dass unsere Entscheidungen von uns im Gehirn getroffen werden, und die Konsequenz dieser bewussten Entscheidungen dann die Handlung sei, wird von der Wissenschaft auch anderweitig widerlegt. In den als Libet-Experimenten weltberühmten Versuchen hat sich gezeigt, dass das Gehirn eine Entscheidung trifft, bevor wir das bewusst zu tun gedenken. Unser Gehirn trifft also die Entscheidung, gibt uns anschließend die Illusion, dass wir als freie Menschen diese Entscheidung getroffen haben und vollzieht dann die Handlung.

Aber auch von der ganz einfachen Denklogik her ist eine eigenständige Wertung, aufgrund derer eine freie Wahl getroffen werden könne, nicht eingängig. Denn das eigene Selbst, welches angeblich diese freie Entscheidung treffen soll, ist doch nichts anderes als die Summe unserer genetischen Veranlagung und der Prägungen durch Umwelteinflüsse. Wenn ich einem der einer Entscheidung zugrunde liegenden Parameter ein stärkeres Gewicht gebe, tue „ich" dies doch nur, weil mein Bewusstsein Vorgaben unterliegt, die mich diese Wertung machen lassen. Mithin könnte man in Kenntnis aller Vorgaben auch meine eigene Wertung und damit die Entscheidung ermitteln, wie dies der „Supercomputer" oben schon gemacht hat. Die angeblichen eigenen Wertungen sind hier nur ein scheinbarer Zwischenschritt zur determinierten Entscheidung. Wenn man behauptet, seine Wertungen beruhten nicht auf Vorgaben, genetischen und erfahrungsbedingten, würde dies wieder auf zufällige Wertung hinauslaufen.

Dies mag sich für manche schrecklich anhören, man sei doch mehr als nur seine genetischen und erfahrungsbedingten Vorgaben! Aber wieso soll dies denn schrecklich sein? Seien wir doch lieber froh, dass wir ein Gehirn haben, das uns jedenfalls die Illusion gibt, mehr als das zu sein. Zudem sind wir gerade keine Maschinen oder Roboter, sondern unser Gehirn ermöglicht uns Emotionen wie Liebe oder Eifersucht zu empfinden. All die menschlichen Attribute wie Emotionen, Rationalität, aber auch Zuschreibung von Verantwortung unterscheiden uns eklatant von Maschinen. Dennoch müssen wir akzeptieren, dass auch wir den Naturgesetzen unterworfen sind. Vielleicht muss man der Wahrheit ins Auge blicken und sich der Freiheit entledigen, auch wenn man dabei den Glauben an die eigene Größe und Bedeutung zu verlieren droht. Natürlich respektiere ich die Behauptung der Existenz eines „Selbst" als eine unwiderlegbare Vermutung, ich fürchte nur, sie verstößt ein wenig gegen meine Logik.

Konsequenzen

Wenn ich nun also in meiner Argumentation so weit gelangt bin, jemanden zumindest ins Zweifeln über seinen freien Willen zu bekommen, wird häufig ein weiteres Argument gegen den Determinismus angebracht: „Aber wenn niemand frei ist, und damit auch nicht verantwortlich für sein Handeln, dann könnten doch alle machen, was sie wollen: Banken ausrauben, vergewaltigen, betrügen, stehlen!"

Zunächst muss ich dem entgegnen, dass ich eine in sich logische Theorie nicht deshalb verwerfen kann, weil mir die Konsequenzen nicht gefallen. Aber auch der Einwand dieser Konsequenzen ist falsch und kurzsichtig. Denn die praktische Konsequenz aus der Unfreiheit des Willens ist zunächst: keine! Denn jeder Mensch weiß doch nur zu genau, dass jede Entscheidung und die darauf basierende Handlung Folgen hat, deren Konsequenzen er tragen muss. Verbrecher werden gesucht und verurteilt und egoistisches Verhalten von der eigenen Umgebung gestraft. Die menschliche Gemeinschaft lässt asoziales Verhalten nicht durchgehen, und die Kenntnis dieses Umstandes beeinflusst natürlich die Entscheidung. Die Frage nach dem freien Willen muss und wird im praktischen Leben zu keinerlei primären Konsequenzen führen. Denn wie oben bereits erwähnt, hat die Illusion einer bewussten Entscheidung unverzichtbar zur Bildung unserer Gesellschaft beigetragen. Dabei wird es auch bleiben, denn ohne die Illusion des freien Willens funktioniert das Menschsein nicht. Ich habe nur dieses eine, menschliche Bewusstsein, und ich muss es so benutzen, wir es mir gegeben ist. Also werde auch ich gleich nachher darüber grübeln, was ich mir heute Abend zu essen koche, werde abwägen und schließlich entscheiden, obwohl – wie wir gesehen haben – ich eigentlich tief im Innersten keine Wahl hatte.

Verbieten sich dann aber jegliche Gefühle bei Interaktion mit anderen Menschen, weil deren Handeln ohnehin determiniert war? Nein, denn Gefühle lassen sich nicht steuern. Muss ich deshalb Handlungen von Dritten immer tolerieren? Nein. Eigene Positionen müssen trotzdem vertreten werden. Auch wenn die eigenen Wertungen im tiefsten Inneren nicht frei sind, muss ich doch als mündiger Mensch meinen Lebensweg und meine Bestimmung offen angehen. Denn es bleiben trotzdem meine Wertungen, die auf meiner einzigartigen genetischen Veranlagung und Prägung durch meine Umwelteinflüsse beruhen. Die Gesellschaft insgesamt muss weiter Verhalten bewerten, und durch Erziehung, Sanktionen und Belohnung Entscheidungsprozesse beeinflussen, um unerwünschte Entscheidungen unwahrscheinlicher zu machen. Die Anwendung des Strafrechts ist deshalb für eine funktionierende Gesellschaft ein unerlässliches Instrument. Denn unabhängig von der Existenz eines freien Willens können Sanktionen das Verhalten von Menschen sozialverträglicher gestalten. Sanktionen und die Zuschreibung moralischer Verantwortlichkeit sind also sinnvoll. Ob man Verantwortlichkeit aufgrund ihrer sinnvollen Funktion deshalb per se als existent bezeichnet, oder dies im Sinne eines harten Determinismus verneint, ist für mich ein Streit über Begrifflichkeiten. Wer solchen Modellen weiter folgen möchte, sollte dazu z. B. den Kompatibilisten Dennet lesen. Ein Kompatibilist ist jemand, der Determinismus und menschliche Freiheit auch mittels eigener Begriffskonstruktionen für vereinbar erklärt.

Determinismus erfordert Respekt vor dem Leben und dem Lebensweg eines jeden anderen Menschen. Das soll nicht heißen, dass man keine andere Position mehr haben kann. Dass man zu den Verletzungen und Handlungen eines andern nicht „Nein" sagen kann, weil er ja doch nicht anders kann. Aber er verbietet jegliche Überheblichkeit, jedes Machtgefühl und jeglichen Stolz auf die eigene Leistung! Und wenn das verinnerlicht wird, haben wir endlich keine Welt mehr, in der jeder sich toller und fähiger oder schlechter und kleiner als seine Nächsten fühlt, sondern eine Welt voller Menschen, die ihren Weg gehen, aufrecht, respektvoll und verständnisvoll.

Eine deterministische Weltsicht, die den freien Willen verneint, gerät natürlich in gewaltigen Konflikt mit der Kultur und der Geistesgeschichte unseres Abendlandes. In besonderem Gegensatz steht sie zu Grundpositionen des christlichen Glaubens. Dieser fußt auf der Annahme des freien Willens, denn ohne diesen gäbe es keine Sünde. Die Bestrafungen und Belohnungen des übermenschlichen Gottes, Himmel, Hölle und Schuld sind Begriffe, die bei einer deterministischen Weltsicht ihre Bedeutung verlieren. Die christliche Angstreligion macht ohne diese Grundlagen keinen Sinn. In einer durch Kausalität und Zufall bestimmten Welt gibt es keine „Schuld", denn es passiert genau dass, was entsprechend des Zusammenwirkens deterministischer Einflüsse passieren musste. Nur mit dem Konzept des freien Willens kann ich in religiöser Hinsicht das Individuum für sein Handeln verantwortlich machen, dieses kann sich ob seiner Handlungen schuldig fühlen und für sie bestraft werden. In den fernöstlichen Philosophien, etwa dem Daoismus, dem Hinduismus oder dem Buddhismus herrscht tendenziell die Auffassung, dass die Welt genau den Lauf nimmt, den sie nehmen muss. Die Anpassung an den Fluss des Lebens wird deshalb dort als größte Weisheit begriffen. Zugleich verlieren die Begriffe des Gut und Böse ihre Bedeutung. Denn sie sind nichts weiter als eine Kreation bzw. Wertung des Menschen. Letztlich gehören aber sowohl Liebe als auch Hass, Leben und Tod, Frieden und Krieg, Gewalt und Zärtlichkeit völlig wertungsfrei zu unserer Welt. Der Mörder hat seinen Platz in dieser Welt genauso wie der Friedensstifter. Dies soll natürlich nicht heißen, diese jeweils gleich zu behandeln. Der Mensch und die Gesellschaft müssen freilich versuchen, lebensbejahende Entscheidungen zu fördern. Ich glaube an die Kraft der Liebe, an Toleranz, Verständnis und Selbstentfaltung, auch und gerade in einer deterministischen Welt. Dies ist beileibe kein Widerspruch. Mit dem Glauben an die immateriellen „Fähigkeiten" des Menschen begegnet man auch der Gefahr der Neurobiologie, mit neuronalen Vorgängen alles erklären zu wollen. Zum einen wird dies auf absehbare Weise nicht gelingen, zum anderen haben diese neuronalen Vorgänge „immaterielle" Werte wie Liebe, Neid oder Vertrauen geschaffen, die über den rein chemisch-physischen Prozess hinausgehen. Lediglich die Einstellung zur Umwelt sollte sich in einem deterministischen gegenüber einem freiheitlichen Weltbild ändern. Aber meines Erachtens in einer positiven Weise. So halte ich eine deterministische Sicht der Welt für menschenfreundlicher und verständnisvoller als die christliche Weltsicht mit Himmel und Hölle, Sünde und Verfehlung. Natürlich muss man womöglich damit auskommen, dass eine „Seele" nicht unsterblich ist, weil nicht existent, und dass es genau den christlichen Gott, wie er in der Bibel beschrieben ist, nicht gibt. Mit anderen spirituellen Weltbildern wie beispielsweise dem „chinesischen Universum" ist der Determinismus aber sehr wohl vereinbar. Vielleicht muss ich mir sogar den Vorwurf gefallen lassen, dass ich auch wegen der Konsequenzen den Determinismus für begrüßenswert halte. Denn ich mag keine Welt, in der die Menschen voller Stolz schwelgen ob ihres angehäuften Reichtums, ihrer tollen Examensergebnisse oder ihrer großen Kreativität. Auch wenn ich sicher selbst manchmal solch dummer Empfindungen erliege.

Resümee

Der freie Wille ist eine Illusion. Allerdings eine von der Evolution für uns Menschen überlebenswichtige und deshalb wohl behütete Illusion. Grundsätzlich ist es wohl richtig, dass eine Illusion kaum aufrechterhalten werden kann, wenn sie einmal als Illusion erkannt ist. Diese Illusion aber tatsächlich zu erkennen und sie nicht nur wie wir zu erahnen, liegt außerhalb der Gebrauchsanweisung unseres Gehirns. Denn unser Gehirn ist so konstruiert, dass es uns immer in dem Glauben belassen wird, dass es den freien Willen gibt und wir Herren unserer Entscheidungen sind. Direkte Konsequenzen für unser Handeln ergeben sich nicht, da wir weiter unser Gehirn in dem Rahmen seiner uns gegebenen Funktionalität benützen müssen bzw. dürfen. Unser Gehirn liefert uns nun mal die Illusion des freien Willens, was eine schöne Illusion ist, die das Leben interessanter und spannender macht. Jeglicher Stolz des erfolgreichen Managers, des hochbezahlten Fußballstars oder des gekonnten Frauenschwarms ist deshalb aber nichts als Unsinn. Wir sollten beginnen, uns selbst nicht so wichtig zu nehmen, anderen toleranter und verständnisvoller gegenüberzutreten und vor allem Demut vor dem Leben und dem unerklärlichen Wunder der Natur zu haben.

ÜBER RELIGION

Einleitung

Nietzsche meinte schon vor über 150 Jahren, Gott sei tot. Doch der Philosoph konnte offenbar nicht jeden überzeugen, denn Religion existiert noch heute. Dennoch bleibt festzustellen, dass viele Religionsgemeinschaften, insbesondere in den wohlhabenden westlichen Ländern, signifikant an Akzeptanz verlieren. Gerade die jungen Generationen gehen nur noch selten in die Kirche, bei vielen ist der Glaube nicht mehr sehr stark oder gar nicht mehr ausgeprägt, Kirchenaustritte sind an der Tagesordnung. Ist diese Entwicklung erklärbar?

Ich möchte versuchen, zum einen das Phänomen Religion an sich, zum anderen das Christentum als in meinem Kulturkreis vorherrschende Glaubensgemeinschaft aus meiner Sicht zu untersuchen. Ich bedaure es und halte es für ausgesprochen unmündig, dass Religion, Glaube und Gott heute ein Bereich ist, „der für viele seltsam ausgeblendet erscheint, tabuisiert, in der Schwebe gelassen, man legt sich nicht fest." (Hans Küng, „Existiert Gott?", S. 343). Dem will ich entgegentreten, indem ich hier offen, angreifbar und vielleicht für viele dennoch nicht ganz abschließend meine Position zu diesem Bereich darlege.

Grundfragen

Seit Anbeginn der Menschheit verehren Menschen höhere Wesen, die forthin als Gottheiten bezeichnet wurden. Bereits in der Steinzeit wurden erste religiöse Kulthandlungen wie Bestattungsriten vorgenommen, in den ersten menschlichen Siedlungsgebieten im Dreistromland wurden ca. 8000 Jahre alte Kultorte entdeckt. Abgeschiedenste Völker wie die Stämme auf den Osterinseln oder im Amazonas verehren ihre eigenen Götter, obwohl sie niemals mit anderen Zivilisationen in Berührung gekommen sind. Heute gehören über sechs Milliarden Menschen einer Glaubensgemeinschaft an.

Menschheit und Religion sind offenbar eng miteinander verbunden. Hält man sich diese Tatsachen vor Augen, stellt sich die Frage nach der Existenz eines höheren, göttlichen Wesens unter folgenden Prämissen: Falls es eines oder mehrere höhere Wesen gibt, wieso sind sie mit nachweisbaren Sinnen nicht zu erfassen? Falls es keinen Gott gibt, wieso haben dann alle Völker der Erde an ihn geglaubt? Hat nicht die Tatsache, dass eben alle Völker zum Teil unabhängig voneinander eine eigene Religiosität entwickelt haben, eine Indizwirkung dahingehend, dass es einen wie immer gearteten Gott tatsächlich geben muss? Andererseits wirft die Unterschiedlichkeit der verschiedenen Religionen dieser Erde die Frage auf, welche der Religionen denn nun „Recht" hat mit ihrem Gott oder ihren Gottheiten. Wieso gibt es so viele unterschiedliche Religionen, die sich gegenseitig häufig ausschließen?

Zunächst ist es sicherlich bemerkenswert, dass eine für das Leben vieler Menschen so bedeutende Gegebenheit wie die Religion mit unseren Sinnen in keiner Weise nachweisbar oder erfassbar ist. In einer zunehmend technisierten und verwissenschaftlichen Welt verwundert dies umso mehr. War im Mittelalter oder gar in noch früheren Zeiten so vieles für die damals lebenden Menschen schier unerklärlich, haben uns die letzten Jahrhunderte doch viele Antworten auf drängende Fragen geliefert. Andererseits sind bis heute viele Gegebenheiten unerklärlich. Emotionen wie Liebe, Hass oder Angst sind unbestreitbar Bestandteile des menschlichen Lebens, ein handfester wissenschaftlicher Nachweis wird für sie schwerlich zu erbringen sein.

Viele Fragen, beispielsweise wieso der Mensch eigentlich Schlaf braucht, kann die Wissenschaft bis heute nicht wirklich beantworten. Nur dass es den Schlaf gibt und er lebensnotwendig ist, ist eine Tatsache. Der fehlende wissenschaftliche Nachweis für die Existenz eines höheren Wesens kann also kaum allein zu der Verneinung desselben führen. Zudem konnte der Nachweis, dass es Gott nicht gibt, bisher auch von keinem Atheisten erbracht werden. Nach den Regeln der Beweislast, wonach derjenige, der etwas behauptet, den Beweis dafür erbringen muss, ansonsten gilt es als nicht erwiesen, erscheint der Atheist allerdings nicht in Beweisnot...

Ist die Tatsache, dass Menschen und Völker schon immer auch unabhängig voneinander an höhere Wesen geglaubt haben, als Indiz oder gar Beweis für die Existenz eines solchen Wesens zu werten? Die eine sich bietende Möglichkeit ist, von der Wirkung auf die Ursache zu schließen, damit zu konstatieren, dass es eines oder mehrere höhere Wesen geben muss. Die Wirkung, nämlich dass viele Menschen an eines oder mehrere höhere Wesen glauben, kann aber durchaus andere Ursachen haben, als die tatsächliche Existenz des angebeteten Wesens. Eine schlüssige Erklärung ist beispielsweise die folgende: Die Welt war noch vor einigen Jahrhunderten ein dunkler und unerklärlicher Ort, oftmals ohne viel Hoffnung auf ein besseres Leben und mit allgegenwärtigen Ungerechtigkeiten. Nur mittels der Vorstellung, dass dieses Chaos durch die schützende göttliche Hand doch eine Ordnung habe und sogar Hoffnung auf Erlösung durch ein ewiges Leben im „Himmel" bestehe, konnten viele Menschen ihr Leben ertragen. Religionen boten und bieten also einen Hoffnungsstrohhalm in einer schwierigen Welt. Die Menschen könnten sich ihre Götter unterbewusst also auch einfach deshalb geschaffen haben, um sich ein ruhiges Alltagsleben zu ermöglichen, was bei der Vorstellung eines Wegs ins Nichts nach dem Tod schwer vorstellbar erscheint. Die Institutionen der Religionen haben sich das Bedürfnis ihrer Anhänger nach Halt und Sinn in einer unerklärlichen, ungerechten und womöglich endlichen Welt nicht selten zu Nutzen gemacht, um einen religiösen Machtapparat zu erschaffen. Dieser hatte und hat mit der wahren Lehre der ihm zugrunde liegenden Religion häufig nicht mehr viel zu tun. Die römisch-katholische Kirche ist da ein erschreckendes Beispiel. Diese Erklärung für die Existenz von Religionen findet Rückhalt in der Tatsache, dass Religionen in gleichem Maße abnehmen, wie der Wohlstand einer Gesellschaft steigt. Nicht erst in der heutigen westlichen Welt lässt sich dies feststellen, auch in anderen geschichtlichen Perioden war dies ähnlich. Allerdings lässt sich das Phänomen Religion selbst durch Wohlstand und unsere technische Entwicklung nicht gänzlich verdrängen. Die Wirkung lässt also andere schlüssige Ursachen im Raume, es bleibt bei Spekulation. Man mag versucht sein, die vielen verschiedenen Religionen als Beleg für die Existenz eines höheren Wesens zu deuten, auch wenn dies meines Erachtens mit der oben aufgezeigten Argumentation kaum überzeugen mag. Die Vielzahl der Religionen wirft jedoch auch einen sehr problematischen Aspekt auf. Viele der Religionen haben ein eigenes Glaubensbekenntnis, eine eigene Lehre, die sich mit dem Glauben anderer Religionen nicht überschneidet. Ist es denn beispielsweise richtig, was in der Bibel steht über die Auferstehung der Toten in den Himmel oder sollen wir an den (nahezu) ewigen Kreislauf der Wiedergeburten glauben, wie ihn der Hinduismus darlegt? Es wäre ein Leichtes, die sich absolut widersprechenden Glaubensinhalte der verschiedenen Religionen unendlich breit aufzuzählen, dies scheint hier aber entbehrlich. Viele Religionen brandmarken die anderen Glaubensinhalte offen als „falsch" und Unheil verheißend. In einigen Religionen wird Toleranz und ein Nebeneinander der Religionen heute stärker respektiert, dennoch bleibt die Frage, wer denn mit seiner Lehre nun „Recht" hat. Dies pauschal als Rechthaberei abzutun halte ich für verfehlt. Eine Behauptung, die so weit reichende Konsequenzen wie eine religiöse Betätigung nach sich zieht, muss sich an ihren Postulaten messen lassen. Dies mit einem lächelnden: „Jedem das Seine, letztlich glauben wir doch alle an das höhere Gebot der Liebe" abzutun, genügt hier nicht. Die Religionen müssen sich an dem, was sie lehren, festmachen lassen. Wenn man sich nun sich widersprechende Aussagen verschiedener Religionen vor Augen hält, kann es eigentlich nur zwei Möglichkeiten geben: entweder nur eine der Religionen spricht die Wahrheit, oder eben keine! Die Möglichkeit, dass allesamt die Wahrheit verkünden, mithin alle Religionen und Götter nebeneinander existieren, kann ausgeschlossen werden, soweit monotheistische Religionen wie das Christentum oder der Islam mit einbezogen werden. Denn diese Religionen erklären sehr deutlich, dass es nur den einen, „ihren" Gott gebe und neben diesem keine anderen zu akzeptieren seien. Die Koexistenz vieler Religionen lässt sich mit ihnen, da dies eklatant gegen ihre eigene Lehre verstößt, keinesfalls in Einklang bringen.

Bleibt also zum einen die Möglichkeit, dass nur eine Religion die Wahrheit verkündet. Dies würde im „besten" Fall, wenn dies das Christentum als größte Glaubensgemeinschaft mit seinem Glaubensinhalt wäre, bedeuten, dass „nur" etwa vier Milliarden Menschen einem falschen Glauben verfallen wären. Als Christ muss ich, wenn ich konsequent bin, überzeugt sein, dass der Hinduismus das Falsche lehrt. Und so wird es denn auch in der Bibel postuliert: „Bist Du nicht für mich, bist Du gegen mich!" (Lk 11, 23; Mt 12, 30); „Die nicht an mich glauben, werden verdammt werden!" (Mk 16,16). Dem christlichen Glauben nach werden also über vier Milliarden Menschen nach ihrem Tode in der Hölle schmoren. Falls eine andere Religion, wie vielleicht die Bahai, die göttliche Wahrheit verkündete, würden leider etwa sechs Milliarden Menschen irren.

Die Vorstellung eines Glaubenswechsels illustriert für mich den Widersinn der verschiedenen Lehren sehr anschaulich: Als Christ glaube ich an die Auferstehung meiner Seele in den Himmel (man hofft doch stets, dass es nicht nach unten in die Hölle geht). Konvertiere ich nun zum Hinduismus, erstehe ich plötzlich nicht mehr auf, sondern trete in einen Kreislauf der Wiedergeburten ein. Für mich wirkt das doch ein wenig willkürlich und ist deshalb äußerst unbefriedigend. Der Gedanke, dass nur eine Religion den wahren Glauben lehrt, ist deshalb für mich nicht greifbar. Denn dies hat zudem einen „rassistischen" Aspekt, da es eine Gruppe von Menschen über den Rest der Menschheit stellt. Dieser Gedanke passt jedenfalls nicht in mein Welt- und Menschenbild. Allerdings ist mir bewusst, dass es gerade der Kern vieler Religionen ist, sich anderen überlegen, abgesondert und erhöht zu fühlen. Allerdings sollte angemerkt werden, dass sich Christen zumindest nicht explizit als auserwähltes „Volk" begreifen. Anders die Juden (Dtn 7,6-7) und Moslems (Koran Sure 9, 20), die dies ausdrücklich postulieren. Für mich kann sich als Konsequenz nur ergeben, dass alle Religionen, soweit ihre starren Glaubensbekenntnisse und fixen Lehren betroffen sind, irren. In diesem Irrtum einer wahren Lehre sind alle Religionen vereint und damit alle Menschen in ihrer Wertigkeit gleich, da keine Gruppe einen „wahreren" Gott hat. Ob jedes höhere Wesen damit zugleich „tot" ist, ist damit ausdrücklich nicht gesagt. Nur ein Gott, wie er genau von einer der Religionen postuliert wird, z.B. der römisch-katholische Gott der Bibel, scheint schwer aufrechtzuerhalten zu sein.

Allerdings haben nahezu alle Religionen auch bemerkenswerte Aspekte. In erster Linie ist da die Vorstellung von einer Kraft, die größer, allmächtiger und unerklärlicher ist als alles, was in unsere kleinen menschlichen Köpfe passt.

Der Mensch neigt zu Maßlosigkeit und Überheblichkeit. Andererseits ist die Welt mit all ihren Ungerechtigkeiten und Unerklärlichkeiten ein Ort, der einen in manchen Lebenssituationen verzweifeln lassen kann. Zwischen diesen Extremen des Menschen, seiner Überheblichkeit, aber auch seiner Hilflosigkeit, können Religionen als lehrreicher und Halt gebender Mittler fungieren. Nahezu alle Religionen lehren die Demut vor dem Leben und der Schöpfung. Und alle Religionen geben Trost und Halt in einer vielleicht sonst sinnlosen Welt. Breite Bevölkerungsschichten erfahren Motivation für ihr Leben und werden in emotionaler Hinsicht angesprochen. Jede Religion ist damit Ausdruck der unstillbaren Sehnsucht nach einer besseren Welt. Religionen pauschal als töricht und überflüssig hinzustellen, hieße deshalb auch, vielen Menschen diese Sehnsucht zu rauben. Religionen geben überdies den Raum und die Zeit, in einem ruhelosen Alltagsleben zu manchen Zeiten inne zu halten und seiner eigenen Existenz gewahr zu werden. Nahezu alle Gotteshäuser oder sonstigen religiösen Versammlungsorte strahlen eine Spiritualität aus, die in dem bewegten und schwierigen Leben zu besonderer Einkehr und Ruhe einladen. Weiter gibt Religion dem Menschen als sozialem Wesen die Möglichkeit, mit vielen Mitmenschen gemeinsam eine Erfahrung und ein „Projekt" zu teilen. Die Zusammenkunft in Gotteshäusern vermittelt Zusammenhalt und festigt moralische und spirituelle Grundwerte. Die gemeinsame Planung und Gestaltung des religiösen Lebens ist eine sinnstiftende, herzliche und kommunikative Aufgabe, in die unzählige Menschen in bestem Bemühen viel Zeit und Aufwand investieren. Jeder kann seine eigenen positiven Erfahrungen mit Religion oder Spiritualität hier ergänzen, die Reihe ist lang. Auffällig für mich ist dabei allerdings, dass wenige der positiven Aspekte mit den Institutionen oder den vom Menschen gemachten Lehren zu tun haben, vielmehr ist ein solch soziales Zusammenleben auch um ein nicht religiöses Projekt denkbar, wie dies in vielen gemeinnützigen Vereinigungen bereits praktiziert wird.

Kritische Auseinandersetzung mit einigen Weltreligionen

Unter Umständen sind alle Lehren, die eine Religion entstehen lassen, wie die Bibel oder die Upanischaden, als vom Menschen gemacht (auch wenn die Bibel angeblich das Wort Gottes ist) fehlerhaft und begrenzt. Denn der menschliche Geist kann das Wunder der Welt, göttlich oder nicht, jedenfalls nicht erfassen. Alle menschliche Auslegung könnte damit begrenzt und mit menschlichen Attributen wie Macht, Absonderung und Egoismus „verseucht" sein. Werfen wir nun einen Blick auf diese „menschlichen" Religionslehren.

Das Christentum

Das Christentum ist die Religion, in welcher ich aufgewachsen bin und deren Glaubensgemeinschaft ich angehöre. Und genau hier liegt auch schon eines der großen Probleme im Umgang mit Religionen. Zumeist sind wir so stark geprägt von den Eindrücken unserer eigenen „Glaubensgeschichte", dass wir weitgehend unreflektiert hinter unserem Glauben „hermarschieren". Schon als kleinstes Kind wurde ich in die Kirche mitgenommen, dort sah ich all die schlauen, erwachsenen Menschen, die in einem sehr beeindruckenden Gebäude gemeinsam sangen, beteten und bestimmte Riten vornahmen. Fortan ging ich in die Kirche und machte die Dinge nach, die alle Menschen dort machen. In meiner Familie, also mit all den Menschen, die ich so sehr liebe, wurden gemeinsam Taufen, Kommunion, Firmungen und Hochzeiten gefeiert, später nimmt man auch bei Freunden an solchen Festen teil. Könnte es einem da wirklich in den Sinn kommen, dies zu hinterfragen? Zu zweifeln an dem, was mein Vater und meine Mutter, mein Onkel und mein Freund machen? Kurze Zweifel mögen jedem kommen, aber gibt es überhaupt die Möglichkeit, hierüber frei zu entscheiden, Religion so klar und offen zu hinterfragen, wie man beispielsweise politische Parteien hinterfragt? Es wird einem jedenfalls nicht leicht gemacht…

Dennoch will ich versuchen, nun ein paar kritische Blicke auf den römisch-katholischen Glauben zu werfen. Zuvor möchte ich zu dieser Religion bemerken, dass eine Unterscheidung zwischen der Kirche als Institution und dem Glauben angebracht erscheint. Selbst gläubige Theologen wie Hans Küng beklagen ein „Auseinanderklaffen" von Glauben und Kirche.

Die Kirche

Die römisch-katholische Kirche als Institution hat in ihrer Geschichte viele schreckliche Ereignisse hervorgebracht. War das Christentum in seinen Anfängen die Religion einer kleinen Minderheit, die ihrem Glauben im Untergrund nachgehen musste, entwickelte es sich schnell zu der bedeutendsten Religion und lange zur Staatsreligion in vielen Reichen Europas. Dabei war aufgrund der fehlenden Trennung von Kirche und Staat der katholische Glaube schon immer ein großer machtpolitischer Faktor. In der Bibel selbst wird die Verbindung von

Kirche und Staat postuliert („Denn es gibt keine staatliche Gewalt, die nicht von Gott stammt; jede ist von Gott eingesetzt. Wer sich daher der staatlichen Gewalt widersetzt, stellt sich gegen die Ordnung Gottes, und wer sich ihm entgegenstellt, wird dem Gericht verfallen." Röm 13, 1-2). Der Glaube wurde auch dazu benutzt, das Volk gefügig zu machen und zu kontrollieren. Zudem wurden unangenehme Fragen mit dem einfachen Hinweis auf die Glaubenssätze der Kirche stets ausgeblendet. Eigenes Denken und kritische Auseinandersetzung mit dem Menschsein wurden verboten, von Meinungsfreiheit konnte also nie die Rede sein. Als Instrument diente unter anderem der Index Librorum Prohibitorum, der das Lesen der darin aufgeführten Werke unter die Strafe der Exkommunikation stellte! Auf diesem Index finden sich Werke von sehr vielen großen Denkern der Weltgeschichte. Jean-Paul Sartre, John Locke, John Stuart Mill, Thomas Hobbes, Immanuel Kant, Friedrich II. von Preußen, Heinrich Heine, Daniel Defoe, Alexandre Dumas, Simone de Beauvoir, Emile Zola, Honoré de Balzac, Gustav Flaubert, Victor Hugo, Stendhal, Blaise Pascal, George Sand, Dante Alighieri, Voltaire und unendlich viele mehr hatten die Ehre, ihre Werke auf dem Index wieder finden zu dürfen. All diese Schriftsteller und Denker darf man also nicht lesen, weil man sonst womöglich zu denken anfängt und die Märchen der Kirche nicht mehr glaubt, oder warum? Es bleibt zu erwähnen, dass der Index 1966 abgeschafft wurde. Dies aber nicht etwa, weil die Kirche plötzlich die Meinungsfreiheit gutheißt, sondern zum einen, weil sich seine ständige Aktualisierung angesichts der nicht mehr überschaubaren Flut von Büchern und Schriften als nicht mehr praktikabel erwies. Zum anderen ist eine solche Leseverbotsliste in einer zunehmend aufgeklärten Welt selbst für die Kirche solch offensichtlicher Unsinn, dass sie kaum aufrechterhalten werden konnte.

Nach Abschaffung dieser rechtlichen Beschränkung bleibt für den katholischen Christen allerdings die moralische Pflicht bestehen, bei seiner Lektüre sowie bei der Nutzung auch anderer Medien die nötige Vorsicht walten zu lassen, „um nicht unnötigen Gefahren für Glaube und Sitte ausgesetzt zu sein" (aus „Post litteras apostolicas" vom 14.06.1966)! Freie Meinung und Wissen wird also immer noch als Gefahr betrachtet.

Die Macht dieser Religion ging so weit, dass sich ein eigener Kirchenstaat etablieren konnte und der Papst über viele Jahrhunderte eine der wichtigsten Personen der abendländischen Politik und Kultur war. Einige Päpste entfernten sich dabei in ihrem Verhalten von der Lehre ihrer eigenen Religion immer weiter, lebten selbst in Reichtum und „Sünde", obwohl ihre Lehre Bescheidenheit und Moral predigte. Mit den Kreuzzügen wird Krieg als heiliges Mittel eingeführt. In der „neuen Welt" wurde unermessliches Blutvergießen unter der indianischen Urbevölkerung „unter dem Kreuze" begangen, angeblich um den bemitleidenswerten Indianern die Weisheit zu bringen. Wissenschaft und freie Meinung, eigenes Denken und das Stellen kritischer Fragen wurden Jahrhunderte lang verboten und nicht selten mit dem Tode bestraft. Große Wissenschaftler des Mittelalters wie Galileo Galilei mussten ihre Erkenntnisse widerrufen, die Kirche schämte sich nicht, ihn doch tatsächlich 1992 offiziell zu rehabilitieren! Die Inquisition warf tausende von Andersdenkenden und Zweiflern auf den Scheiterhaufen, all dies im Namen Gottes. Diese Fakten zeigen, dass es sich bei der katholischen Kirche über Jahrhunderte teilweise um einen menschenfeindlichen Machtapparat gehandelt hat, der mit den Idealen der Menschlichkeit und der Nächstenliebe so viel zu tun hatte wie der Himalaya mit Kokospalmen. Nicht zuletzt diese Unglaubwürdigkeit der Kirche führte zur Spaltung der Christenheit in Katholiken und Protestanten. Natürlich soll dabei nicht unter den Tisch gekehrt werden, dass die Kirche auch in diesen Zeiten tiefer Finsternis mittels ihrer Organisation eine funktionierende Religionsausübung und ein bemerkenswertes Wohlfahrtssystem ermöglichte.

Dennoch ist die Institution der katholischen Kirche, die über Jahrhunderte so grausam und machtgierig gehandelt hat, als moralische Instanz aufgrund ihrer eigenen Vergangenheit schwerlich akzeptabel. Auch wenn angesichts des modernen Zeitgeists die katholische Kirche zu solch groben Verfehlungen, wie sie sie Jahrhunderte lang begangen hat, nicht mehr neigt, muss ihre Glaubwürdigkeit für jeden mündigen Bürger erschüttert sein. Heute hält die Kirche am Zölibat fest, obwohl dies offensichtlich wider die menschliche Natur ist, ächtet die Benutzung von Kondomen auch in Afrika, was ebenso wirklichkeitsfremd wie grausam ist, verschließt Frauen den Zugang zu vielen Ämter innerhalb der Kirche, was in einer modernen, gleichberechtigten Welt nicht ernsthaft zu rechtfertigen ist, steht weiter hinter der Unfehlbarkeit des Papstes, was nicht nur selbstherrlich und anmaßend, sondern offenbar falsch ist (siehe z.B. den Fall Galileo Galileis; sehr interessant hierzu Hans Küng: „Unfehlbar? - Eine Anfrage", S. 25f; die dogmatische Feststellung der Unfehlbarkeit erfolgte erst 1870, zudem gilt sie nur, wenn der Papst „ex cathedra" spricht; praktisch gilt sie jedoch schon viel länger und für alle Aussagen des Papstes). Weiter verurteilt die Kirche Homosexualität als unmoralisch und selbstgefällig (siehe „Schreiben der Kongregation für die Glaubenslehre an die Bischöfe der katholischen Kirche über die Seelsorge für homosexuelle Personen" vom 1. Oktober 1986, Nr. 7).

Auch die im Katechismus der katholischen Kirche ausdrücklich bekräftigte tatsächliche Verwandlung von Wein in Blut und Brot in den Leib Christi bei der Eucharistie ist für mich nicht

glaubhaft („Im heiligsten Sakrament der Eucharistie ist wahr-
haft, wirklich und substanzhaft der Leib und das Blut zusammen mit der Seele und Gottheit unseres Herrn Jesus Christus
und daher der ganze Christus enthalten", Katechismus der
katholischen Kirche, Artikel 1374; „Durch die Konsekration
des Brotes und Weines geschieht eine Verwandlung der ganzen
Substanz des Brotes in die Substanz des Leibes Christi, unseres
Herrn, und der ganzen Substanz des Weines in die Substanz
seines Blutes", Katechismus der katholischen Kirche, Artikel
1376). Ich esse also tatsächlich, nicht im übertragenen Sinne,
den Leib Christi? Der mittelalterliche Geist der Kirche kommt
immer noch zum Ausdruck, wenn für den Prozess von Selig-
und Heiligsprechung „Wunder" approbiert werden und damit
Legendenbildung und Volksverdummung Vorschub geleistet
wird. Noch heute werden jeder Selig- und Heiligsprechung
dieser Person unerklärliche Wunder, meist Heilungswunder,
zugeschrieben.

Kürzlich hat Papst Benedikt XVI. übrigens die Vorhölle abgeschafft! Babys, die seit Jahrhunderten dort schmorten, fliegen
nun also in den Himmel, oder wo geht es hin? Der Gedanke,
dass der Papst die Vorhölle mal eben abgeschafft hat (natürlich
nach reiflichem theologischem Diskurs) ist für mich so absurd,
dass mir beinahe die Worte fehlen. Merkt der Vatikan eigentlich nicht, wie traurig und lächerlich dies ist?

Diese gegenwärtigen Haltungen, verbunden mit den Verfehlungen der Vergangenheit, wiegen meines Erachtens schwer.
Für einen toleranten und aufgeklärten Menschen mit einer an
den Grundrechten orientierten Moralauffassung erscheint es
da nicht einfach, seine Zugehörigkeit zur römisch-katholischen
Kirche zu verteidigen. Zwar ist grundsätzlich zuzugestehen,
dass bei der Zugehörigkeit zu Vereinigungen nie eine völlige
Deckungsgleichheit mit „deren" Programm möglich ist, sei

diese Vereinigung etwa eine politische Partei oder eine Religionsgemeinschaft. Die grundlegenden Werte und Vorstellungen von der Welt sollten jedoch übereinstimmen, es sollten keine der eigenen Geisteshaltung grob entgegenstehenden moralischen Ungereimtheiten bestehen. Ich kann in weiten Bereichen eine Übereinstimmung mit den grundlegenden Werten und Vorstellungen von der Welt mit der katholischen Kirche nicht feststellen, da einige der eben angeführten Werte und Haltungen der katholischen Kirche meinem Gedankengut widersprechen.

Der Glaube

Allerdings fußt die katholische Kirche auf einem Glauben, der unabhängig von der Institution Kirche existiert und gelebt werden kann. Dieser Glaube fußt auf der heiligen Schrift der Christen, der Bibel. Die Bibel ist ein schwer zu begreifendes, tiefes, widersprüchliches, gewaltiges Werk von unmessbar großem Einfluss auf unsere Gesellschaft und damit auf unser Denken. Schwer zu begreifen deshalb, weil sie postuliert, dass die Welt in sieben Tagen geschaffen wurde und Jesus aus Wasser Wein machen konnte. Tief, weil es an philosophischen Weisheiten wie der Allmacht der Liebe oder der Entsagung von Gewalt reich ist. Widersprüchlich, weil sich in der Bibel für viele Lehren an anderer Stelle das Gegenteil finden lässt; so predigt das alte Testament „Aug um Aug, Zahn um Zahn", Jesus rät, auch die andere Wange hinzuhalten (gute Aufzählung zur Widersprüchlichkeit z.B. unter www.bibelzitate.de). Gewaltig deshalb, weil das Ausmaß immens ist und der Einfluss auf unser Denken unermesslich.

Hinsichtlich der folgenden Bibelzitate möchte ich anmerken, dass es angesichts der ursprünglich hauptsächlich in Hebräisch verfassten Bibel immer zu Unstimmigkeiten bei der Übersetzung kommen kann. Insoweit sollte man sich in Acht nehmen, sich an einzelnen Wörtern „aufzuhängen". Zudem ist es immer schwierig, einzelne Stellen aus dem Zusammenhang zu reißen, jedoch wäre anderenfalls ausuferndes Zitieren vonnöten und viele Zitate sprechen auch ohne „Einführung" eine deutliche Sprache.

Die Bibel enthält viele sehr bewundernswerte und schöne Aussagen. An erster Stelle muss die Stellung der Liebe als oberster Kraft erwähnt werden. Exemplarisch kann hier 1. Joh 4, 16: „Und wir haben erkannt und geglaubt die Liebe, die Gott zu uns hat. Gott ist die Liebe; und wer in der Liebe bleibt, der bleibt in Gott und Gott in ihm" und das berühmte Zitat aus dem ersten Korintherbrief erwähnt werden: „Nun aber bleibt Glaube, Hoffnung, Liebe, diese drei; aber die Liebe ist die größte unter ihnen" (1 Kor 13, 13). Die alles heilende Kraft der Liebe, gerade in der Zeit Jesu und der Entstehung der Bibel, so aufrichtig zu verkünden, ist eine wunderbare Botschaft. Damit verbunden ist die Nächstenliebe als eines der grundlegenden Gebote des christlichen Glaubens. Aber auch die im Neuen Testament von Jesus postulierte Gewaltlosigkeit („Schwerter zu Pflugscharen" stammt sogar aus dem Alten Testament, Jes 2,4) und die Fürsorge für Arme und Verstoßene sind sehr bewundernswert. Weiter wird dem Vertrauen in die Beziehung zwischen Mensch und Gott ein großer Stellenwert eingeräumt. Vertrauen und damit Hoffnung und Halt in einer Beziehung zu fördern ist einer der Schlüssel für jegliche Annäherung und damit für ein erfülltes Leben. Das Christentum bekräftigt diese Haltung in einer oft vertrauensunwürdigen, haltlosen Welt. Viele weitere Geschichten und Glaubenslehren wären hier zu nennen, die dem Christentum zu einem menschlichen und liebevollen Antlitz verhelfen. Da das Ziel hier aber insbesondere die häufig vernachlässigte kritische Auseinandersetzung mit dem Christentum sein soll, wende ich mich nun im Bewusstsein ausgesprochener Unvollständigkeit einigen problematischen Stellen der Bibel zu. Denn viele Textstellen der Bibel enthalten Aussagen, die ich nicht nachvollziehen kann.

In Mat 10, 34-37 spricht Jesus: „Denkt nicht, ich sei gekommen, um Frieden auf die Erde zu bringen. Ich bin nicht gekommen, um Frieden zu bringen, sondern das Schwert. Denn ich bin gekommen, um den Sohn mit seinem Vater zu entzweien und die Tochter mit ihrer Mutter und die Schwiegertochter mit ihrer Schwiegermutter; und die Hausgenossen eines Menschen werden seine Feinde sein. Wer Vater oder Mutter mehr liebt als mich, ist meiner nicht würdig, und wer Sohn oder Tochter mehr liebt als mich, ist meiner nicht würdig." Die Legitimierung von Gewalt mit dem Schwert und Spaltung anstelle von Frieden (auch Hebr 9,22; Lk 12,51; Offb 19, 11-21) ist im Wortlaut eindeutig. Teilweise wird von manchen Theologen versucht, das Schwert und das Blutvergießen als Synonym für das Leid Jesu auszulegen, nicht aber als Legitimierung von Gewalt. Ich halte dies für nicht schlüssig, da der Wortlaut m.E. einer solchen Auslegung eindeutig im Wege steht. Selbst wenn man mit viel Phantasie eine akzeptable Auslegung erhält, kann nicht von der Hand gewiesen werden, dass solche Worte als Rechtfertigung von Kreuzzügen und Inquisition dienen und so jedenfalls unbedacht und gefährlich sind. Der Vergleich mit der Liebe zur Familie und die damit verbundene Abwertung der zwischenmenschlichen Liebe sind für mich sehr bedenklich. Sie findet sich auch in Lk 14, 26: „So jemand zu mir kommt und achtet nicht seinen Vater, Mutter, Weib, Kinder, Brüder, Schwestern, auch dazu sein eigen Leben gering, der kann nicht mein Jünger sein."

Die Intoleranz gegenüber Andersgläubigen findet sich auch

im Neuen Testament erschreckend deutlich: „Wenn jemand den Herrn nicht liebt, sei er verflucht! Maranatha!", 1. Kor 16, 22 (weitere Beispiele im Alten Testament: „Der Herr ist König für immer und ewig, in seinem Land gehen die Heiden zugrunde", Ps 10, 16; Kultstätten; Altäre und Steinmale Andersgläubiger sollen zerstört werden, vgl. Ex 34, 13; weitere Beispiele im Neuen Testament: „Wer nicht für mich ist, der ist gegen mich!", Lk 11, 23; „Die nicht an mich glauben, werden verdammt werden!", Mk 16, 16; den Ungläubigen wird jede erdenkliche schlechte Eigenschaft zugeschrieben, so dass sie „des Todes würdig sind", Röm 1, 18-32; wer Gott nicht kennt, „soll mit ewigem Verderben bestraft" werden, 2 Thess 1, 7-9; „Wenn jemand zu euch kommt und diese [christliche] Lehre nicht bringt, so nehmt ihn nicht ins Haus auf und grüßt ihn nicht!", 2 Joh 10; „Aber den Feigen und Ungläubigen... ist ihr Teil in dem See, der mit Feuer und Schwefel brennt, das ist der zweite Tod", Offb 21,8; ebenso deutlich die Verfluchung der Pharisäer und der Schriftgelehrten bei Lk 11,37ff). Ich finde es ausgesprochen unschön, wenn Jesus Menschen, denen seine Predigten nicht gefielen, dies an den Kopf warf: „Ihr Schlangen und Otterngezücht! Wie wollt ihr der höllischen Verdammnis entrinnen?" (Mt 23, 33). Natürlich ist mir bewusst, dass das Christentum gerade in seinen Anfängen großen Verfolgungen ausgesetzt war. Aber muss deshalb derart intolerant mit Andersgläubigen verfahren werden? Es ist mir nicht begreiflich, warum deshalb so böse über die Juden gesprochen werden muss (1 Thess 2, 15-16). Besonders krass finde ich es, wenn Jesus sagt, dass die Juden den „Teufel zum Vater" hätten (Joh 8, 44).

Im Gegensatz zu vielen fernöstlichen Religionen wird der Körper im Christentum immer als etwas Verwerfliches, Schlechtes und Minderwertiges dargestellt, der unterworfen und gezüchtigt werden muss (Paulus war dem Körperhass besonders verfallen, z.B. 1 Kor 9, 27). Dass das Alte Testament die Frau als Untertan des Mannes darstellt (z.b. Gen 3, 16), ist wohl noch hinlänglich bekannt, offenbar selbstverständlich richten sich die Zehn Gebote nur an den Mann. Aber auch das Neue Testament hält von Gleichberechtigung sehr wenig („Christus ist das Haupt eines jeden Mannes, das Haupt der Frau aber ist der Mann, des Christus Haupt aber Gott"; „… die Frau aber ist der Abglanz des Mannes…", 1 Kor 11, 3; 11, 7-9; ebenso diskriminierend: Eph 5, 22-24; 1 Tim 2, 11-15; 1 Petr 3, 1-7), hier wird auch von einem Kopftuchgebot in der Kirche für Frauen gesprochen (1 Kor 11, 13). Homosexualität wird mit dem „ewigen Feuer" bestraft (Jud 7, ähnlich 1 Kor 6, 9-10), im Alten Testament mit der „Todesstrafe" (Lev 20, 13).

Das Alte Testament wimmelt nur so von Grausamkeiten. Die Worte des Kirchenkritikers Dawkins mögen zwar sehr drastisch erscheinen, wenn er beschreibt, warum der Gott des Alten Testaments die unangenehmste Gestalt in der gesamten Literatur sei: „Er ist eifersüchtig und auch noch stolz darauf; ein kleinlicher, ungerechter, nachtragender Überwachungsfanatiker; ein rachsüchtiger, blutrünstiger ethnischer Säuberer; ein frauenfeindlicher, homophober, rassistischer, Kinder und Völker mordender, ekliger, größenwahnsinniger, sadomasochistischer, launisch-boshafter Tyrann" (Richard Dawkins, „Der Gotteswahn", S. 45). Wenn man das Alte Testament liest, wird man sich dem Kern seiner Aussage aber leider anschließen müssen, z.B. sei hier auf sehr erfindungsreiche Verfluchungen verwiesen (Dtn 28, 16ff), auf die offene Legitimierung der Sklaverei (Ex 21,1-11; Lev 25, 44-46; im Neuen Testament Tit 2, 9-10; 1 Tim 6, 1-3) oder den Mordaufruf an alle, die am Sabbat arbeiten (Ex 35,2)! Auf Veranlassung Gottes gehen die „Geheiligten" folgendermaßen mit „Ungläubigen" vor: „Ihre Kinder werden vor ihren Augen zerschmettert, ihre Häuser geplündert und ihre Frauen geschändet werden." (Jes 13, 16); „… mit der Leibesfrucht haben sie kein Erbarmen, mit den Kindern kein Mitleid" (Jes 13, 18). Auf einen besonders erschreckenden Widerspruch möchte ich gesondert hinweisen: Das fünfte Gebot, „Du sollst nicht töten", ist sicher jedem ein Begriff (Dtn 5, 17). Erstaunlich ist es für mich aber doch, wenn nur wenige Absätze weiter Mose den Israeliten als Gottes Gebot und Wille aufgibt, andere Völker als das „Auserwählte" der „Vernichtung zu weihen" (Dtn 7, 2), die Feinde „auszutilgen" (Dtn 7, 10) oder wenn die Eroberung Jerichos durch das „Auserwählte Volk" mit dem Segen Gottes beschrieben wird („Mit scharfem Schwert weihten sie alles, was in der Stadt war, dem Untergang, Männer und Frauen, Kinder und Greise, Rinder, Schafe und Esel", Jos 6, 21; andere schreckliche Vernichtungsszenarien z.B. Dtn 20, 10-17 oder Num 31, 14-18). Offenbar gilt das fünfte Gebot nicht gegenüber Andersgläubigen, was diesem Gebot dann doch einen etwas anderen Charakter gibt…

Unsägliche Grausamkeit findet sich aber auch im Neuen Testament: „Und es wurde ihnen [den Heuschrecken] gesagt, dass … sie Schaden den Menschen zufügen sollten, die nicht das Siegel Gottes an den Stirnen haben. Und es wurde ihnen [von Gott] der Befehl gegeben, dass sie sie nicht töteten, sondern dass sie fünf Monate gequält würden", Offb 9, 4-5. In Erziehungsfragen wird Gewaltanwendung gepriesen (Spr 13, 24; Spr 23, 13), was ich in der Erziehung meiner Kinder nicht befolgen würde. Die Bibel ist wahrlich voll von Grausamkeit, Unbarmherzigkeit und Gewaltverherrlichung. Solch archaisch-inhumane Prinzipien sind mit meinem Weltbild nicht vereinbar. Wenn man nicht nur einige Stellen aus der Bibel herauspickt, sondern durchgängig liest, drängt sich einem das Gefühl auf, dass ein gewalttätiger, diskriminierender Gott, der komischerweise auch an die Liebe glaubt, einem schlechten und verdorbenen

Menschen gegenübersteht, der nur durch die Gnade Gottes sein Heil erlangen kann.

Eine weitere große Ungereimtheit des christlichen Glaubens stellt für mich das Theodizeeproblem dar. Wieso gibt es in unserer Welt so viel Leid, obwohl unser Gott doch allmächtig ist? Keiner der großen Theologen konnte hierfür eine schlüssige Antwort liefern, auch zeitgenössische Theologen vermögen mich nicht zu überzeugen. Hans Küng bekennt, dass es eine theoretische Antwort auf das Theodizeeproblem nicht gebe, er rät in praktischer Hinsicht zu „vernünftigem grenzenlosen Gottvertrauen". Genau hier liegt für mich das Problem aller Schriften von Küng, der in vielen Ansätzen so ehrlich und mutig ist, beispielsweise in seiner ablehnenden Haltung zur Unfehlbarkeit des Papstes und zur Erbsünde. Er versucht jedoch stets, die Vernunft als vereinbar mit einem Gottesglauben gemäß der Bibel zu bewahren, was ihm meines Erachtens nicht gelingt, weil es nicht möglich ist. Joseph Ratzinger legt dar: „Wenn heute nach den Schrecknissen der totalitären Regime (ich erinnere an das Mahnmal Auschwitz) die Theodizeefrage mit brennender Gewalt sich auf uns alle legt, dann wird nur noch einmal sichtbar, wie wenig wir Gott definieren, gar durchschauen können. Die Antwort Gottes an Ijob erklärt ja nichts, sondern weist nur unseren Wahn, über alles urteilen und abschließend sprechen zu können, in die Schranken und erinnert uns an unsere Grenzen. Dem Geheimnis Gottes in seiner Unbegreiflichkeit zu trauen, ermahnt sie uns" (Ratzinger, „Einführung in das Christentum", S. 23). Auf die Grenzen des Menschen hinzuweisen ist immer richtig und einfach, jedoch beileibe keine Antwort auf die Frage, warum ein allmächtiger Gott Kinder in Afrika verhungern lässt. Hier werden Dinge vermischt, weil die Theodizeefrage den Glauben von Grund auf erschüttert. Diese Antworten verdienen diesen Namen nicht und sind für mich höchst unbefriedigend. Die Bibel ist viele Seiten stark, erzählt und belehrt uns über so Vieles, aber über diese Frage lässt sie uns im Dunkeln. Noch weniger mag es mir einleuchten, warum ein kleines Mädchen in Afrika an Hunger sterben muss, weil Eva damals den Apfel aß. Für mich ist das Theodizeeproblem ein sehr gewichtiges Argument gegen einen Gottglauben genau in der Form, wie ihn die Bibel begründet.

Einer der Schlüsselbegriffe der Bibel ist neben der Liebe die Sünde und Erlösung. Die Bibel prägt damit das gesamte abendländische Weltbild mit ihrer Bejahung des freien Willens und der damit einhergehenden Verantwortung für unser Tun. Schuld und Sünde sind mit der Erbsünde in die Welt einge-führt und dienen als Instrument, die Kirche durch die Verge-bung der Sünden unerlässlich zu machen. Der Mensch sei im Grunde schlecht und verdorben, nur Gott könne uns erretten. Dennoch finden sich in der Bibel auch Aussagen, die die Will-kür Gottes untermauern und am freien Willen der Menschen zweifeln lassen: „Denn er [Gott] sagt zu Mose: ‚Ich werde mich erbarmen, wessen ich mich erbarme, und werde Mitleid haben, mit wem ich Mitleid habe.' So liegt es denn nicht an dem Wol-lenden, auch nicht an dem Laufenden, sondern an dem sich erbarmenden Gott. … Also nun: wen er will, dessen erbarmet er sich, und wen er will, verhärtet er" (Röm 9, 15-18). Dies führt natürlich zu Zweifeln an Schuld und Sünde, weshalb die Bibel auch fragt: „Warum tadelt er [Gott] noch? Denn wer hat seinem Willen widerstanden?" (Röm 9, 19), und gibt die höchst unbefriedigende Antwort: „O Mensch, wer bist du, der du das Wort nimmst gegen Gott? Wird etwa das Geformte zu dem Former sagen: Warum hast du mich so gemacht? Oder hat der Töpfer nicht Macht über den Ton, aus derselben Masse das eine Gefäß zur Ehre und das andere zur Unehre zu machen?" (Röm 9, 19-21).

Aufbauend auf der grundsätzlichen Verderbtheit und Sündhaftigkeit des Menschen aus christlicher Sicht (z.B. „denn das Sinnen des menschlichen Herzens ist böse von seiner Jugend an", Gen 8, 21; ebenso Röm 3, 9-14) kann also nur der Wille (und die Willkür?!) Gottes uns erretten. Der Zusammenhang zwischen Sünde und dem alles lenkenden Willen Gottes ist für mich nicht verständlich. Zudem entspricht die Vorstellung von der Verderbtheit des Menschen nicht meinem Menschenbild. In den fernöstlichen Lehren wie dem Hinduismus, dem Buddhismus oder dem Taoismus finden sich Begriffe wie Schuld oder Sünde nicht im gleichen Zusammenhang. In einer durch Kausalität oder Zufall bestimmten Welt gibt es keine Schuld und damit keine Sünde, denn es passiert genau dass, was entsprechend des Zusammenwirkens deterministischer oder zufälliger Einflüsse passieren muss, ohne dass es dafür einen Schuldigen gibt. Diese Lehren gehen tendenziell davon aus, dass die Welt genau den Lauf nimmt, den sie nehmen muss. Führe ich jetzt das Konzept des freien Willens ein, was für das Abendland die Bibel manifestierte, kann ich das Individuum auch in spiritueller Hinsicht für sein Handeln verantwortlich machen, dieses kann sich ob seiner Handlungen schuldig fühlen und für sie bestraft werden. In unserer abendländisch geprägten Weltanschauung werden die fernöstlichen Lehren belächelt. Sie stoßen auch deshalb bei uns auf Ablehnung, weil jeder von uns doch so stolz auf das selbst Geleistete ist, sich so überlegen und einzigartig fühlt, sich mit den fernöstlichen Lehren plötzlich ausgeliefert und machtlos fühlen würde.

Mit vielen weiteren Vorstellungen der katholischen Lehre wie dem Paradies und der Hölle (z.B. Mt. 13, 36-50; Lk. 16, 23; insbesondere die schreckliche Darstellung der Apokalypse in der Offenbarung des Johannes), dem ewigen Leben, dem jüngsten Gericht oder der christlichen Intoleranz kann ich wenig anfangen. Nietzsche formulierte seine Kritik am Christentum in sehr drastischen Worten:

„‚Gott‘, ‚Unsterblichkeit der Seele‘, ‚Erlösung‘, ‚Jenseits‘ lauter Begriffe, denen ich keine Aufmerksamkeit, auch keine Zeit geschenkt habe, selbst als Kind nicht, – ich war vielleicht nie kindlich genug dazu? Ich kenne den Atheismus durchaus nicht als Ergebnis, noch weniger als Ereignis: er versteht sich bei mir aus Instinkt. Ich bin zu neugierig, zu fragwürdig, zu übermütig, um mir eine faustgrobe Antwort gefallen zu lassen. Gott ist eine faustgrobe Antwort, eine Undelikatesse gegen uns Denker –, im Grunde sogar bloß ein faustgrobes Verbot an uns: ihr sollt nicht denken!"

In der Tat verdammt die Bibel erschreckend offen die Verlockung der Eva, durch das Essen der Früchte des Baums in der Mitte des Gartens „klug zu werden" (Gen 3,6), mit der Erbsünde. Unabhängiges Denken und Philosophie werden klar als böse und gar als Ursprung alles Bösen gebrandmarkt, blinder Gehorsam und unreflektiertes Gottesdenken als gut. In dem christlichen Bestseller „Die Hütte" spricht der heilige Geist zu den Menschen mit folgenden Worten: „Ihr habt euch für den zerstörerischen Pfad der Unabhängigkeit entschieden und begreift gar nicht, dass ihr die gesamte Schöpfung dabei hinter euch her zieht." (W.P.Young, Die Hütte, S. 150, ähnlich S. 168). Die Suche nach der Wahrheit, unabhängiges Denken, das Hinterfragen jeglicher Behauptungen und Lehren begreife ich als wichtige Pflichten eines aufgeklärten und moralischen Menschen. Es muss keinesfalls im Gegensatz zum Vertrauen in Beziehungen stehen, was im Christentum oft gleichgesetzt wird. Jegliche Institutionen, seien es Religionen, politische Parteien, Diktaturen oder Sekten, die blinden Gehorsam fordern und eigenes Denken brandmarken, halte ich für sehr bedenklich. Leider begeben sich der römisch-katholische Glaube und die Kirche in diese Reihe, wenn die Bibel so über Evas Wunsch nach Klugheit spricht, blindes Vertrauen einfordert und wenn die Kirche an einen Index glaubte und Denken verbietet.

Trotz dieser Vorstellungen und des Konzepts von Schuld und Sünde, insbesondere der Erbsünde, denen ich nicht folgen kann, enthält die Bibel wie oben erwähnt auch schöne und wichtige Regeln des Zusammenlebens. Ihren Inhalt und ihre gesamte Lehre aufgrund vieler Ungereimtheiten, aber auch „Unschönheiten", generell abzulehnen, würde ihrer Dimension und Wirkung nicht gerecht werden. Mir fällt es aber schwer, nur die Rosinen einer Lehre herauszupicken. Für mich wiegen viele der soeben angeführten Stellen aus der Bibel so schwer, dass ich dem Glauben genau in dieser Form sicher nicht folgen kann. Die Bibel kann aber als komplexes Werk zum Verständnis unserer Kultur nicht hinweggedacht werden; als in ihrer Tradition erzogener Mensch kann ich schon allein deshalb meine eigenen Wurzeln nicht unbedacht und ersatzlos ausreißen. Deshalb scheint mir eine Auseinandersetzung mit der Bibel wichtig und hilfreich, um einen eigenen Standpunkt in religiös-spiritueller Hinsicht zu erlangen.

Weitere Religionen

Nach dieser Auseinandersetzung mit der katholischen Kirche und deren Lehre soll hier nicht der Eindruck entstehen, dass ich anderen Religionen weniger oder keine Ungereimtheiten oder Verfehlungen vorwerfe. In derselben Breite möchte und kann ich nicht auf die anderen Weltreligionen, geschweige denn alle weiteren Religionen, eingehen. Auf die Gefahr hin, dass eine so kurze Auseinandersetzung höchst lückenhaft und angreifbar ist, möchte ich doch ein paar Sätze zu einigen anderen Religionen verlieren.

Für den Protestantismus gilt hinsichtlich der Bibel das zum römisch-katholischen Glauben Gesagte. Auch in der Lehre, was z.b. die Erbsünde anbelangt, gleicht sie in vielem dem römisch-katholischen Glauben, auch wenn freilich die Problematik um das Papsttum und einige andere Ungereimtheiten nicht gegeben sind.

Im Koran finden sich Rechtfertigungen für und Aufforderung zu Gewalt und Krieg gegen Ungläubige (z.B. Sure 8, 12; auch Suren 2, 191; 4, 56; 4, 91; 8, 37), Frauen gelten als dem Manne untergeordnet (z.B. Suren 2, 223; 4, 34) oder es wird die Weisung erteilt, „Juden und Christen nicht zu Freunden zu nehmen" (Sure 5, 51). Natürlich finden sich auch im Koran wie in der Bibel dazu Textstellen, die genau das Gegenteil verkünden.

Das Judentum hat mit seiner heiligen Schrift, dem Tanach, der mit dem alten Testament weitgehend identisch ist, ein in vielen Bereichen, wie oben bereits angemerkt, grausames Werk als Grundlage seines Glaubens von der Auserwählung des Volkes Israels. Weitere Ausführungen sind da entbehrlich.

Der Hinduismus ist noch heute mehr als eine Religion, so sehr durchdringt er Gesellschaft und persönliches Leben in Indien. Auch wenn die Schriften wie die Upanischaden und die Bhagavad-Gita meines Erachtens mehr Weisheit und Spiritualität aussenden als die monotheistischen Schriften, bleibt die später daraus erfundene menschenverachtende Einteilung in Kasten und die dazugehörigen Regeln eine abzulehnende Lehre. Auch wenn darin die tiefe Weisheit des fernen Ostens steckt, sich dem Fluss dem Lebens anzupassen, dem Leben keinen Widerstand entgegenzubringen und seine Rolle im Leben aufrecht zu tragen, ermöglicht das Kastenwesen in dieser diskriminierenden Form seit jeher den Machterhalt der Mächtigen. Die dahinter liegende Weisheit wurde schamlos missbraucht. Der Kreislauf der ewigen Wiedergeburten, das Damsara und die

Erlösung im Moksha sind Glaubenssätze, die sich im Kern jeglicher Argumentation entziehen.

Beim Buddhismus ist es zweifelhaft, ob man ihn als Religion oder eher als Philosophie und Weisheitslehre bezeichnen sollte. Die Idee eines allmächtigen Gottes als Überbringer einer Lehre kommt im Buddhismus nicht vor, vielmehr wird versucht, dem Selbst in einer leid- und begierdevollen Welt durch Meditation und ethisches Verhalten das Verlassen des Kreislaufs der Wiedergeburten ins Nirwana zu ermöglichen. In der ursprünglichsten Form des Buddhismus, dem Hinayana, wird auf die Vorstellung von Gott insbesondere deshalb verzichtet, weil damit automatisch die Wertung des Gut und Böse eingeführt wird. Was aber, wenn die Begriffe Gut und Böse nur leere Hülsen sind, weil die Welt wertungsfrei so ist, wie sie ist und alles seinen Platz auf dieser Welt hat? Die komplizierte und in meinen Augen immer unbefriedigend zu beantwortende Frage, warum es bei einem allmächtigen, einzigen Gott im monotheistischen Sinne so viel Leid auf der Welt gibt, stellt sich dann nicht. In vielen späteren Ausprägungen des Buddhismus sind jedoch Götter und Geister zu finden, von denen aber keiner als allmächtig betrachtet wird. Der Kreislauf der Wiedergeburten und das Nirwana sind schließlich wieder reine Glaubensfragen. Als besonders wertvoller Aspekt des Buddhismus, gerade wenn man sich dagegen die Methodik des Christentums vor Augen führt, verdient die Tatsache Erwähnung, dass Missionierung nicht stattfindet, weil es mit der Toleranz und dem Respekt vor dem Glauben des Anderen nicht zu vereinen ist. Der Buddhismus in seiner Urform enthält sicher viele Weisheiten, die zu bewundern sind. Auch die Kraft und Wirkung der Meditation wird in ihm in sehr überzeugender und bedachter Weise gelehrt. Dennoch bleiben übernatürliche Glaubenssätze wie die Wiedergeburt und das Nirwana, die sich jeder Argumentation entziehen und für mich schwer nachvollziehbar sind.

Nach dieser kurzen Betrachtung der wichtigsten Weltreligionen (mit Ausnahme des schwer zu erfassenden „chinesischen Universums") bleibt zunächst festzustellen, dass jede Einzelne so ungeheuer komplex und vielschichtig ist, dass selbst jede noch so tiefe Auseinandersetzung lückenhaft bleiben wird. Dies sollte aber meines Erachtens vor einer persönlichen Auseinandersetzung nicht abschrecken.

Zur Entstehungszeit der monotheistischen Schriften

Hinsichtlich der monotheistischen Weltreligionen fällt auf, dass viele Textstellen aus deren heiligen Schriften mit heutigen Moralvorstellungen nicht mehr vereinbar sind. Dies unüberlegt darzulegen und ohne weiteren Kommentar so stehen zu lassen, wie dies bisher von mir geschehen ist, tut diesen Schriften sicher unrecht und wird ihrer Rolle nicht gerecht. Die Bibel, der Tanach und der Talmud und schließlich der Koran wurden in einer Zeit verfasst, die mit der heutigen Welt schwerlich vergleichbar ist. Das Elend in der Welt war groß, kriegerische Auseinandersetzungen an der Tagesordnung, der Kampf ums Überleben allgegenwärtig, religiöse Verfolgung und totalitäre Machtapparate prägten den Alltag. In der heutigen Welt, die zumindest in weiten Teilen Europas von einer freiheitlichen, die Menschenrechte achtenden, demokratischen Ordnung getragen wird, sind deshalb viele dieser Texte nicht nachvollziehbar und nicht zeitgemäß. Dies muss nicht verwundern. Fraglich bleibt die Schlussfolgerung, die daraus gezogen werden muss. Müssen diese Schriften einfach nur zeitgemäß ausgelegt werden? Ist es möglich, entgegen dem Wortlaut zu argumentieren?

In dem schriftlich fixierten, von Gott „gebrachten" Glaubensbekenntnis liegt sicher das große Problem dieser monotheistischen Weltreligionen. Die Zeit verändert sich, die Moral verändert sich, die ganze Welt unterliegt ständiger Veränderung. Nur diese heiligen Schriften bleiben gleich. Eine schrittweise Änderung ist kaum denkbar, weil sie der Lehre selbst widerspricht (vgl. Offb 22, 18-19). So wurde auf dem Zweiten Vatikanischen Konzil folgendes konstituiert: „Das von Gott Geoffenbarte, das in der Heiligen Schrift enthalten ist und vorliegt, ist unter dem Anhauch des Heiligen Geistes aufgezeichnet worden; denn aufgrund apostolischen Glaubens gelten unserer heiligen Mutter, der Kirche, die Bücher des Alten wie des Neuen Testamentes in ihrer Ganzheit mit allen ihren Teilen als heilig und kanonisch, weil sie, unter der Einwirkung des Heiligen Geistes geschrieben (vgl. Joh 20,31; 2 Tim 3,16; 2 Petr 1,19-21; 3,15-16), Gott zum Urheber haben und als solche der Kirche übergeben sind. ... Da also alles, was die inspirierten Verfasser oder Hagiographen aussagen, als vom Heiligen Geist ausgesagt zu gelten hat, ist von den Büchern der Schrift zu bekennen, dass sie sicher, getreu und ohne Irrtum die Wahrheit lehren, die Gott um unseres Heiles willen in heiligen Schriften aufgezeichnet haben wollte." (Zweites Vatikanisches Konzil, Dogmatische Konstitution über die göttliche Offenbarung „Dei Verbum", 3. Kapitel).

Langfristig bleibt diesen Religionen aufgrund der in ihnen selbst angelegten Unfähigkeit zu Veränderung vielleicht nur der Untergang. Leise Versuche der römisch-katholischen Kirche, wie etwa die Rehabilitierung Galileis oder die Abschaffung der Vorhölle, genügen zu wahrer Veränderung sicher nicht, sondern wirken leider nur unbeholfen, verloren und lächerlich. Küng etwa fordert eine Erneuerung der katholischen Kirche, eine Wiedervereinigung der getrennten christlichen Kirchen und einen offenen Dialog der Religionen. Eingedenk der vielen gewaltverherrlichenden, intoleranten und überkommenen Aussagen der Bibel wäre meines Erachtens sogar eine Korrektur dieser Schrift unvermeidbar, um für mich als moralische Instanz Gültigkeit beanspruchen zu können. Es wären jedenfalls große Schritte und Gesten nötig, um die Kirche in einer veränderten Welt wieder glaubwürdig und mutig erscheinen zu lassen.

Glauben ohne festgeschriebenem Gottesglauben

Allerdings muss einem beim Gedanken des Verschwindens der monotheistischen Religionen eigentlich nicht bang werden. Die Vorstellung von der Existenz Gottes hat über viele Jahrhunderte alles ermöglicht, vom Krieg und Völkermord über Inquisition und Holocaust, was soll bei Verschwinden Gottes schlechter werden? Die Angst vor einem morallosen Nihilismus wird zu Unrecht von den Religionen geschürt, die ihre eigenen Felle dahin schwimmen sehen und mal wieder mit der Angst der Menschen spielen. Obwohl dieses Spiel mit der Angst viele Jahrhunderte erfolgreich war, wird es hoffentlich nicht endlos wirken. Eine postchristliche Moral, in der die Erde kein Jammertal ist, das Vergnügen keine Sünde, die Hölle keine Drohung, die Intelligenz keine Anmaßung, die Frau kein Fluch, braucht keinen Gott. Aufbauend auf Liebe und den Menschenrechten, existiert eine lebensbejahende, tolerante Moral ohne Gott. Ich denke, die Menschheit ist alt genug, um endlich der Wahrheit ins Auge zu blicken: Das Leben ist womöglich endlich, und die Welt ist unerklärlich. Der Glaube an ein Energiefeld, an eine höhere Macht der Liebe oder einfach nur an das Wunder des Lebens kann dann immer noch in höchst unterschiedlicher Weise als göttlich oder religiös ausgelegt werden. Ein persönlicher Glaube kann auch ohne das starre Korsett einer der großen Religionen wirken. Es mag auch Atheisten geben, die dem Wunder und der Unerklärlichkeit der Welt nicht eine noch größere Unerklärlichkeit, nämlich ein göttliches Wesen, als Erklärung gelten lassen wollen. Einfach den bestehenden Lehren mit all ihren Ungereimtheiten und Engstirnigkeiten zu folgen, halte ich aber für unmündig.

Ich selbst glaube an ein unerklärliches Wunder des Lebens und an die Kraft der Liebe im Menschen. Ich glaube an eine Kraft der Gegensätze, wie dies vielleicht am ehesten dem Yin und Yang des Daoismus entspricht. Ich glaube, dass die Natur und die Welt von einer Kraft gelenkt wird, die für uns Menschen für immer unbegreiflich sein wird. Ich glaube, dass jeder Mensch und die Menschheit insgesamt angesichts dieser Kraft unendlich klein sind und wir dieser Kraft ein größtmögliches Maß an Demut und Respekt entgegenbringen müssen. Ich glaube, dass Religionen für viele Menschen sinnstiftend und damit sinnvoll sein können, wenn sie absolute Toleranz gegenüber anderen Religionen aufbringen. Ich glaube nicht an eine Unsterblichkeit der Seele durch Wiedergeburt oder Auferstehung, an das Korsett einer der großen Glaubenslehren und nicht an den Gott der Bibel.

Wie ich nun den Spagat zwischen diesen Überzeugungen und dem Bedürfnis, mit vielen Traditionen meiner Kultur nicht gänzlich zu brechen, begehen soll, weiß ich selbst manchmal nicht. Weihnachten und Ostern oder religiöse Familienfeste einfach ignorieren, weil ich dem katholischen Glauben nicht folge? Einfach mitfeiern und als Opportunist dastehen, weil ich die Romantik, die Geschenke und die Ostereier mitnehmen will, aber an den Hintergrund der Feste nicht glaube? Natürlich bin ich bei der Beantwortung dieser Frage nur mir selbst verantwortlich. Nach meiner Auseinandersetzung mit diesem Thema glaube ich aber für mich einen aufgeklärten Mittelweg gefunden zu haben, der es mir erlaubt, diese Feste weitgehend in alter Tradition zu begehen, um dabei in eigener Auslegung meiner Spiritualität dem Wunder der Natur und der Liebe zu danken. Zudem bieten diese Feste immer wieder die Gelegenheit, sich mit der eigenen Spiritualität und der seiner Mitmenschen zu befassen und sollten auch deshalb genutzt werden, das Rad des Alltags einmal anzuhalten.

Resümee

Nun werden meine Gedanken und Argumente bei manchen Menschen Zustimmung finden, andere werden Argumente für die Existenz einer göttlichen Kraft aufwerfen. Einige Menschen halten mir ein Argument entgegen, das schwerlich zu entkräften ist: Sie sind davon überzeugt, dass es Gott gibt, weil sie ihn einfach spüren. Weil sie mit ihm reden. Weil sie ihn um sich fühlen. Da versagen natürlich sämtliche Argumente. Ich selbst habe diese Erfahrung noch nicht erleben dürfen. Ich habe bisher nichts Göttliches gespürt, Gott hat zu mir bisher leider nicht gesprochen. Nun bleibt zu fragen, warum manche Menschen Gott spüren, andere nicht. Eine Erklärung ist, dass Gott sich nur manche Menschen aussucht, denen er sich mitteilt, andere sind ihm egal. Falls dies zutrifft, will ich so einer Gottesgemeinschaft, die die Menschen so ungleich behandelt, ohnehin nicht angehören. Eine weitere Möglichkeit wäre, dass ich mehr an mir und einer aufrichtigen Gläubigkeit arbeiten müsste, bis Gott sich auch mir offenbart. Allerdings bin ich zum einen christlich erzogen worden, was schon mal kein schlechter Start sein sollte, und zum anderen bin ich wahrlich nicht allein mit meiner „Nicht-Erfahrung" Gottes. Viele Menschen, kleine und große Gläubige und Denker finde ich an meiner Seite. Ich selbst will deshalb mangelnden Eifer für die Lehre der Bibel nicht als Argument für meine „Verstoßung" durch Gott gelten lassen. Bleibt die recht einfache Erklärung, dass sich die Menschen, zu denen Gott spricht oder die ihn spüren, dies auf irgendeine Art bloß einbilden. Am Ende bleibt es natürlich jedem selbst überlassen, welcher Ansicht er sich anschließt.

Wie der Begriff „Glaube" schon sagt, versagen an einem bestimmten Punkt die Argumente, es bleibt der persönliche Glaube. Nicht alles im Leben sollte einer bis ins Detail nachvollziehbaren Argumentation zugänglich sein, weshalb eine nicht vorhandene argumentative Schlussfolgerung für oder gegen die Existenz Gottes nicht zu Erschütterung oder Entsetzen führen sollte. Jeder sollte dem Glauben nachgehen dürfen, an den er glaubt, auch wenn er diesen Glauben nicht bis ins Detail begründen kann. Glauben hat nur seine Grenzen, wenn er anderen Menschen Schaden zufügt, wenn er Gewalt verherrlicht, Ungleichheit fördert und Intoleranz predigt. Wir leben zum Glück heute in einem weitgehend aufgeklärten Zeitalter. Blindes Folgen der religiösen Lehren ist heute noch weniger angezeigt, als es viele Jahrhunderte lang war. Trotz des Charakteristikums als Glauben, der nicht immer einer schlüssigen Argumentation zugänglich ist, sollte der Verstand nicht gänzlich abgeschaltet werden. Probleme und Unschlüssigkeiten der Religionen und des Glaubens müssen beleuchtet und aufgedeckt werden, um sich einen mündigen eigenen Glauben zu bilden, mit oder ohne Gott. Und obwohl ich auf diesen Seiten bisweilen deutliche Worte wähle, die die Standfestigkeit meiner Meinung signalisieren mögen, so bleibe auch ich im Zweifel. Wie der Theologe Hans Küng, der in den Raum stellt, dass er sich womöglich doch getäuscht habe und er nach dem Tod nicht in ein ewiges Leben, sondern in ein Nichts eingehe. Jedoch denke ich anders als Küng nicht, mit dem katholischen Glauben ein besseres und sinnvolleres Leben geführt zu haben als ohne die

Hoffnung des Glaubens, da mich dieser Glaube wie hier dargelegt nicht überzeugt. Das Spektrum der Gedanken, das Spektrum der Religionen ist jedoch so gewaltig, meine Erfahrungen und mein Wissen so klein, dass ich immer Lernender bleiben werde. Jetzt glaube ich zu glauben, was ihr gerade gelesen habt, aber was weiß ich schon?

Über Subjektivität

Einführung

Auf dieser Erde schlagen die Herzen von über sieben Milliarden Menschen. Jeder einzelne lebt zwar auf dieser unserer einen Erde, aber jeder einzelne von uns hat eine ganz eigene, persönliche Wahrnehmung. In jedem Moment meines Lebens, so zum Beispiel in diesem Augenblick, in dem ich diese Zeilen schreibe, an meinem Schreibtisch sitzend und in die Straßenfluchten von Madrid blickend, haben über sieben Milliarden Menschen eine ganz andere, eigene Wahrnehmung. In meinem Blickfeld befinden sich gerade ein paar Häuser, ich sehe in den Fenstern gegenüber andere Menschen arbeiten, auf der Straße spazieren weitere Menschen, Wolken ziehen über den Himmel. Außer den Geräuschen von der Straße, dem gelegentlichen Tickern meines Laptops und den Aufzuggeräuschen aus dem Flur herrscht entspannte Ruhe. Mein Gemützustand könnte ob des mir vorgenommenen Tagwerks als angespannt bezeichnet werden, mein Körper zeigt mir an, dass er ein wenig Hunger verspürt. Viele weitere Wahrnehmungen wie die sehr leisen Nebengeräusche, die vielen Farben und Figuren um mich herum, die Druckstellen an meinem Körper durch den Stuhl und meine Kleidung werden von meinem Gehirn weitgehend aus meinem Bewusstsein gefiltert, da mein Cerebrum diese als für mich momentan unwesentlich bewertet hat. Dies ist ein Stück meiner subjektiven Wahrnehmung. Dazu kommen noch die Gedanken, die meine Wahrnehmung weiter mit Leben füllen, welche wie so häufig mit reichlich profanen Dingen beschäftigt sind. Da ich vorhin eine Hotelbuchung vorgenommen habe, grüble ich in unendlicher Oberflächlichkeit noch immer darüber, wie sich das soeben gebuchte Hotel in Peking denn wohl tatsächlich darstellen wird.

In genau diesem Augenblick haben sieben Milliarden Menschen eine völlig andere Wahrnehmung. Weniger als ein Drittel von ihnen wird gerade schlafen, in den Traumphasen bemächtigt sich das Unterbewusstsein ihrer. Die anderen, also deutlich über vier Milliarden Menschen, haben in diesem Moment ein anderes, von mir unabhängiges, waches Bewusstsein.

13 aus sieben Milliarden oder „Eine kurze Wahrnehmungsreise"

In Pazluco, einem Dorf im südlichen Peru, blickt Santiago auf ein zerbeultes Stück Schuh, dem er in seiner Funktion als Schuhmacher versucht, eine neue Sohle aufzukleben. Seine Schuhmacherei ist in einem kleinen Zimmer, das mehr einem Verschlag gleicht, mit unverputzten grauen Wänden gelegen, die Tür zur einzigen Straße des Dorfes steht offen. Es stinkt nach Kleber und alten Ledersohlen, dazu liegt der Geruch von feuchtem Tabak in der Luft. Die Morgensonne drängt mit viel Licht in seine Handwerksstube, er hört von der Dorfstraße das Klappern eines Eselskarrens und die munteren Stimmen einiger Schulkinder. Santiago ist sehr melancholisch, fast depressiv zurzeit, da seine Frau, mit der er seit 39 Jahren verheiratet war, vor zwei Monaten verstorben ist. Seine Kinder sind nach Cuzco gezogen, er ist deshalb viel allein. Sein Blick wandert auf den soeben angerührten Kleber, der sich auf der speckigen Werkbank in einer schwarzen Schale aus weichem Kautschuk windet, und über seine kleinen, vom Alter, der Arbeit und der vielen Sonne ganz ledrig anmutenden Hände, die über der Werkbank flink hin und her springen. Dabei denkt er daran, dass er den Mais, der in einem kleinen Sack in seiner Küchennische steht, noch

stößeln muss, um sich zu Mittag ein paar Fladen zu backen.
Shan Zhang hockt da gerade neben ihrer Mutter auf dem kleinen Reisfeld ihrer Familie, das sich unmittelbar außerhalb des Dorfes Xiaqiao in der Provinz Guangxi Zhuang im Süden Chinas befindet. Sie hat den ganzen Tag bei der Reisernte geholfen, acht Stunden Reisbüschel schneiden mit einer kleinen Sichel, um den Reis anschließend auf dem Feld zum Trocknen auszulegen. Sie werden noch einige Tage brauchen, um alles zu ernten und die Jahresration Reis für sich und ihre Eltern erarbeitet zu haben. Shan Zhang ist sehr betrübt, weil sie immer noch keinen Mann gefunden hat, der sie heiraten möchte. Zwar ist sie erst 20, aber das ist für chinesische Verhältnisse für eine ledige Frau auf dem Land schon recht alt. Ihre Eltern können aber als arme Bauern keine große Aussteuer bezahlen, und so ist es sehr schwierig, jemanden für Shan Zhang zu finden. Der geerntete Reis liegt ihr in der Nase, die feuchte Erde riecht nach Schlamm und Moder. Sie blickt hinüber zu ihrem unansehnlichen Dorf, das in dem Glanz der untergehenden Sonne ausnahmsweise mal einen strahlenden Charme versprüht, dabei schmerzt ihr Rücken vom langen Bücken. Mit der rechten Hand nimmt sie den Strohhut vom Kopf, als sie ihren Vater über den westlichen Pfad herannahen sieht.

In diesem Moment lehnt Nithin am Straßenrand neben einer Rikscha und blickt in die im Smogdunst schon recht tief stehende Sonne. Auf einer der Ausfallstraßen von Gorakhpur, immer noch inmitten von nicht abreißender menschlicher Besiedlung im indischen Bundesstaat Uttar Pradhesh, rauschen bunt bemalte Lkws, Fahrradrikschas, Ochsengespanne an ihm vorbei, dazwischen trottet eine Kuh gedankenverloren über die Straße, ein Hund döst in einem der Schlaglöcher am Straßenrand, aus den Radios der Straßenhändler dringen fröhliche indische Klänge. Nithin ist acht und lebt mit seinen Eltern, acht Geschwistern und seinem Großvater in einem Haus etwa zwanzig Meter neben dieser Hauptstraße. Haus ist vielleicht übertrieben, es besteht aus einem Zimmer mit einer Kochecke und Platz für Strohmatten zum Schlafen, die aber tagsüber eingerollt werden, damit seine Schwestern im Haus nähen können. Aber immerhin ist das Haus aus echten Ziegeln. Neben dem Haus ist das Bad, das nur aus einer Waschschüssel und einem Handspiegel besteht. Toilette haben sie keine, der Abflussgraben läuft zum Glück direkt neben dem Haus vorbei. Nithin verspürt großen Hunger, er denkt darüber nach, wie er sich ein paar Rupien verdienen kann. Vielleicht durch das Austragen von Mahlzeiten oder indem er für die Händler kleine Aufträge erledigt. Neben den Auspuffgasen und den tierischen und menschlichen Fäkalien, was er beides schon nicht mehr wahrnimmt, liegt ihm das Paratha Brot in der Nase, das der Straßenverkäufer gerade im Fett heraus backt. Er träumt mal wieder davon, irgendwann soviel Geld zu haben, dass er eine Rikscha kaufen kann und damit Geld für seine Familie verdienen kann. Plötzlich erblickt er einen Gemüsehändler, der einen großen Haufen Kartoffeln in einen Korb klaubt, und springt los, in der Hoffnung, dass er die Kartoffeln schleppen darf und dafür ein paar Rupien erhält.

Mbaku schlägt sich mit der Hand vor sein Gesicht, um die Fliegen zu vertreiben. Sein Blick ruht auf einem grünen Flusstal, in dem sechs Wasserbüffel gerade in dem langsam treibenden Strom waten. Etwas außerhalb von Bogonda, einem Dorf im nördlichen Kongo, hat Mbaku die Wasserbüffel seiner Familie gerade von der spärlichen Weide am Rand ihrer Hütte in das Flusstal getrieben. Die Hitze der Mittagssonne lässt Mbaku leicht schläfrig dahinträumen. Die Portion Reis und zwei Bananen liegen ihm recht schwer im Magen. Er überlegt, in welche Richtung er die Büffel nun treiben soll, wo sie wohl am meisten frisches Gras wiederkauen können. Seine offene Wunde am großen linken Zeh schmerzt, einer der Büffel war ihm vor einigen Tagen darauf getreten. Er hatte es mit ein paar Kräutern eingebunden, nun eitert und pocht es seit Stunden unerträglich. Während ihm der warme Dung und eine am Ufer verwesende Krähe in der Nase liegen, überkommt ihn wie so oft in den letzten Tagen die große Sorge um seinen Vater. Der liegt seit Wochen fast benommen in der abgedunkelten Hütte auf einer Bastmatte am Lehmboden, nimmt kaum Nahrung zu sich und fiebert unentwegt vor sich hin. Mbaku versucht sich mit seinen Träumen vom Leben in einer Stadt abzulenken, von einer Wohnung mit fließendem Wasser und von Kinos, wie er es in dem Dorffernseher schon so oft gesehen hat. Einer der Büffel kommt plötzlich in eine Untiefe und muss gegen den Strom des Flusses ankämpfen. Das treibt Mbaku aus seinem schattigen Plätzchen direkt ans Ufer, wo er mit Zurufen die Tiere wieder zusammentreibt. Er blickt über seine Schulter, Schweiß tropft ihm von der Nase, er lässt seinen Stock in den Uferschlamm gleiten und sieht aus dem schmalen, von grünen Pflanzen überwucherten Pfad seinen Freund Zaku winken und ihm freudig zurufen.

Mboknasapa starrt an die Poster in ihrem Zimmer. Die Luft ist stickig, der Ventilator versucht vergeblich, die ohnehin verbrauchte Luft von der Straße in ihr Zimmer zu blasen. Sie hasst Hausaufgaben, aber bevor sie nicht fertig damit ist, darf sie nicht raus zum Spielen mit ihren Freundinnen. Obwohl der Verkehr hier in Medan auf der Insel Sumatra in Indonesien unerträglich ist, finden sie immer irgendwo einen kleinen Hinterhof oder eine Baustelle, auf der sie mit ihren Murmeln und Kreiden spielen können. Zwar langweilt Mboknasapa das Spielen schon langsam, viel lieber würde sie zum Shoppen in die City fahren, aber weder erlauben das ihre Eltern noch hat sie das Geld dazu. Sie denkt gerade darüber nach, dass sie sich endlich einen Lippenstift kaufen möchte, als ihr Vater zum Gebet auf dem Gebetsteppich im Wohnzimmer ruft. Sie nimmt den Duft von Lammfleisch und gekochtem Kohl unterbewusst wahr, ihre Mutter kocht das Abendessen. Ihr Blick bleibt auf dem Take-That-Poster direkt vor ihr hängen, als sie gelangweilt den Bleistift auf ihren Schreibtisch fallen lässt, und schon hört sie den Muezzin vom Minarett in die Abendsonne rufen.

Andrew sieht aus seiner Windschutzscheibe auf eine Kette von bunten Autos auf einer endlos gerade Betonpiste, die von unzähligen Laternen und Reklameschildern bewaldet ist. „Jordans Takeaway", „Huba Coffee", „Exxon Mobil", die Zeichen und Farben ziehen an Andrews Gemüt mechanisch vorbei. Er hört einen lässigen Song aus dem Radio. Sein Auto riecht nach gedämpftem Plastik und einer wohltuenden Mischung aus Kaffee und Muffins. Die Bank, in der er in den nächsten Stunden am Schalter arbeiten wird, ist noch etwa zwölf Ampeln, 34 Takeaways und reichlich Monotonie entfernt. In Davenport, Iowa, direkt an der Bundesgrenze zu Illinois, hat Andrew vor einiger Zeit seine Elisabeth geheiratet, ihn rettet nur noch ein Kind aus seiner Gewöhnung. Aber eigentlich ist er ganz glücklich so. Er ärgert sich gerade, dass er seine Krawatte mal wieder zu kurz gebunden hat, und muss über das Treffen mit seinen Schwiegereltern übermorgen nachdenken. Als er sich gerade an seinen letzten Streit mit seinem Schwiegervater Dave zurück erinnert, übersieht er fast eine rote Ampel und muss so heftig bremsen, dass sein Kaffee fast aus der Mittelarmlehnenhalterung fällt.

Swetlana ist da gerade auf dem Weg zu Fuß von Barataevka in ihr Dorf Zagudaevka. Sie versuchte in Barataevka im Zentralural auf dem wöchentlichen Dorfmarkt ein paar Rubel zu der kläglichen Rente ihres Mannes dazuzuverdienen, indem sie Gemüse aus ihrem Garten verkauft. Ihr Mann arbeitete 56 Jahre lang in der Fischkonservenfabrik von Ulyanovsk, nun ist er seit vier Jahren in Rente. Die beiden können nur überleben, weil sie neben ihrem Häuschen einen schönen Garten pflegen, in dem sie nahezu ihre gesamten Nahrungsmittel selber anbauen. Ihre Hüfte ist schon seit Jahren kaputt, deshalb ist Gehen für sie sehr beschwerlich, außerdem hat sie seit ein paar Monaten nach einem Sturz ein steifes Ellenbogengelenk, aber Geld für einen Doktor wegen solcher Kleinigkeiten haben die beiden wirklich nicht. Die Sonne brennt noch immer sehr stark, Swetlana ist froh, wenn sie sich endlich kurz auf dem Sofa ausruhen kann, bevor sie die Kartoffeln fürs Abendessen schälen muss. Ihre Gesundheit macht ihr große Sorgen, sie denkt oft daran, was aus ihnen werden soll, wenn sie sich einmal nicht mehr selbst versorgen können. Sie blickt über die endlos weiten, baum- und strauchlosen Felder vor sich, ein Traktor tuckert glucksend auf dem Feld neben ihr. Als sie in der Ferne ihr Dorf ausmachen kann, rauscht ein schwerer LKW so nah an ihr vorbei, dass sie in der Wolke aus Staub und Abgasen fast das Gleichgewicht verliert.

Da zieht Hin Wie in Fanchang in der chinesischen Provinz Zehjiang gerade seinen blauen Arbeitskittel aus und legt ihn in sein Schließfach. Seine Augen sind träge und brennen, er hat neun Stunden mechanische Falz- und Nietarbeit hinter sich. In einer Halle mit über 900 Kollegen und Kolleginnen wird Stühlen ein Stoffpolster und ein Bezug aufgezogen. Hin Wie falzt dabei immer nur am rechten Eck der Rückenlehne den Schaumstoff ein, knickt ihn um und befestigt das eingeraffte Bündel mit einer Niete am unteren Sitzboden aus Spanholz. Und das etwa 700-mal am Tag, wobei er ständig dem scharfen Auge mindestens eines der acht durch die Halle spähenden Aufseher ausgesetzt ist. Aber er ist recht zufrieden, da seine Arbeit weder körperlich sehr anstrengend, noch durch Gerüche,

Dämpfe oder Hitze besonders gesundheitsgefährdend ist. Im Hintergrund hört er gerade das Gemurmel seiner Kollegen aus der nächsten Schicht, aus dem Lautsprecher in der Umkleide dringt leise chinesische Schlagermusik, sein Zeigefinger und der Handballen der rechten Hand schmerzen vom ständigen Druck der Nietmaschine. Es riecht nach menschlicher Haut, feuchtem Holz und kein bisschen nach Freude. Als sein Blick auf seine sorgsam gefaltete Kleidung fällt, die er sich gleich überstreifen wird, denkt er sorgenvoll an seine viel zu hagere Frau, die sicher wieder kein Fleisch zum Abendessen gekauft hat, weil es einfach zu teuer ist.

In einem Vorort von Mailand sitzt Giovanni gerade beim Mittagessen über einem Osso Buco und blickt dabei auf die vielen beanzugten Geschäftsleute, die hier ihre Krawatten und ihre Gelfrisuren zur Schau tragen. Giovanni arbeitet seit kurzem, nachdem er endlich mit der Uni abgeschlossen hat, in der Marketingabteilung eines Stoffherstellers. Der Duft von frischem Kalbfleisch, Tomaten und viel Rasierwasser vermengt sich in seinem Kopf mit den Worten seines Kollegen. Die Tische und Menschen in seinem Blickfeld sind alle sehr elegant, modern, fast erschreckend cool. Dabei denkt er an die nächste große Messe in Düsseldorf, auf der er den Auftritt seiner Firma leiten soll, wie er vorhin erfahren hat. Er ist noch etwas müde vom gestrigen Abend, als er mit seinen Freunden mal wieder viel zu lange bei seinem Cousin Carlo in der Trattoria saß und die Grappa-Runden kein Ende nahmen. Zwischen dem Wehklagen seines Kollegen über die mal wieder defekte Elektronik seines Autos überkommt ihn kurz eine große Vorfreude auf das am Samstag anstehende Derby, für das er gestern von Marco eine Karte bekommen hat. Als er gerade eine volle Gabel Osso Buco in seinen Mund schiebt, sieht er im Augenwinkel eine Frau in das Restaurant treten, lange, schwarze Haare, knielanger, grauer Rock, vergessene Lippen. Giovanni hofft, sie möge sich an den freien Tisch neben ihn setzen.

Priya sitzt im Hinterhof des Hauses ihrer Familie und schlägt mit einem Stab in der Milch, die sie gerade von den zwei Kühen gemolken hat, ihre fünf Kinder hüpfen umher. Sie überlegt, was sie nachher noch auf dem Markt kaufen muss, um das Abendessen zuzubereiten. Ihr Mann, der eigentlich meist mit der Feldarbeit gleich westlich von ihrem Dorf Nalni im indischen Bundesstaat Maharastra beschäftigt ist, hilft in dieser Woche ihrem Schwager beim Bau seines Hauses und kommt erst spät abends nach Hause. Manchmal ist er dann sehr betrunken, Priya versucht aber ihre Furcht vor dem spät heimkehrenden Mann mit Gedanken an ihre Alltagsbesorgungen zu verdrängen. Ihr Knie schmerzt seit Monaten, seit sie beim Wasserholen nahe der Quelle ausgerutscht ist, sie blickt sorgenvoll auf ihre Beine, die von dem schillernd grünen Sari verhüllt sind. Die Hitze macht ihr in letzter Zeit sehr zu schaffen. Der Schweiß perlt ihr vom Körper und vermischt seinen Duft mit der fettigen Milch und dem Geruch vom frischen Dung der Kühe. Krishnamaru, ihr Jüngster, stolpert auf seiner Flucht vor seinen Brüdern so nah vor ihrer Milchschüssel, dass Priya vor Schreck fast die Schüssel fallen lässt. Als sie die Schüssel zur Seite stellt, um ihm aufzuhelfen, nimmt sie erleichtert wahr, dass er sich nicht wirklich weh getan hat.

Akuyi liegt da auf ihrer Matte und starrt in die mit Gräsern gedeckte Hüttendecke. In ihrem Dorf Chikal Chaniassou im südlichen Niger lebt sie mit ihrer Familie und etwa hundert weiteren Dorfbewohnern. Sie würde so gerne nach draußen und mit Kambo und Sema spielen, aber sie fühlt sich heute zu schwach und die enorme Hitze setzt ihr auch zu. Deshalb hat ihr Mama verboten, die Hütte zu verlassen, bis sie vom Holzsammeln zurück ist. Die Luft ist noch voll vom verkohlten

Geruch der Feuerstelle am Eingang der Hütte. Die Geräusche vom Wiederkauen der mageren Kühe draußen im Hof mischen sich mit dem monotonen Surren der Fliegen. Akuyi denkt an die Puppe, die sie so gerne hätte, genau so eine wie sie sie in der uralten Zeitschrift gesehen hat, die schon lange beim Dorfmediziner in der Hütte liegt. Sie verscheucht die Fliegen von dem Milchtopf und den feuchten Wurzeln, die ihr Vater zum langsamen Trocknen in der Hütte neben ihr ausgelegt hat. Es ist schummrig hier drinnen, und Akuyi erschrickt ein bisschen, als ihr älterer Bruder Gikuyu die Stoffmatte vom Eingang schiebt und das gleißende Licht auf den Lehmboden knallt. Er geht als einziger ihrer sieben Geschwister in die Schule, die anderen müssen beim Sammeln und auf dem Feld mithelfen, und kommt gerade nach eineinhalb Stunden Fußmarsch wie jeden Nachmittag stolz mit seinem Schulranzen nach Hause. Akuyi hört wie er sie grüßt und sieht, dass er seinen Schulranzen an die Wand lehnt und sich über den Rest der Mehlfladen in der Kochnische hermacht.

Salime sitzt auf dem Lehmboden ihres Hauses in dem kleinen Dorf Essaqvand im westlichen Iran und mahlt mit einem Stein Weizen zu Mehl. Sie blickt in den kargen Raum, dessen Wände mit Lehm verputzt sind, einzig eine hölzerne Truhe, der Gebetsteppich auf dem Boden und ein großes Bild von Ajatholla Komeini brechen aus dem Nichts des nahezu leeren Raumes in ihr Blickfeld. Salime hat ihr Kopftuch gerade abgelegt, nachdem sie draußen im Hof das Getreide geholt hatte. Ihr Mann versucht heute mit einigen anderen aus dem Dorf den Wasserkanal vom Fluss zu ihren Feldern zu richten, er war vor Tagen an einigen Stellen eingebrochen. Salime macht sich große Sorgen um die anstehende Ernte, das ohnehin knappe Wasser findet nun den Weg nicht mehr in ihre Felder. Sie blickt hoffnungsvoll auf ihren Sohn, der neben ihr die Aufgaben der

Gebetsschule erledigt. Für Samile sind die Zeichen, die sie Keiwan schreiben sieht, nur ein unverständlicher Unsinn. Von dem Weizenstaub muss sie immer heftig husten. Als sie sich wieder etwas gefangen hat, nimmt sie eine Handvoll Weizenkörner und gibt sie in den Steinmörser. Sie hört ihren Sohn leise die Koranverse vor sich hin lesen, von der offenen Türe dringen die Rufe spielender Jungen und das entfernte Blöken von Ziegen an ihr Ohr. Sie versucht ihre Sorgen um die Ernte und um ihre vor einem Monat verheiratete Tochter, die sie seither nicht mehr gesehen hat, wie die Weizenkörner mit dem Stein zu zermahlen, als sie Schritte wahrnimmt, die sich ihrem Haus nähern.

In diesem Moment überkommt Pete gerade das Bild eines Truthahns, der auf einer unendlichen Straße stolziert. Plötzlich kommt sein Bruder seitlich auf ihn zu gerannt und will ihm etwas sagen, das er aber nicht versteht. Pete liegt in seinem Bett neben seiner Frau Barbara in der neuseeländischen Stadt Tauranga, spürt, riecht, sieht nicht viel von dem, was wir Realität nennen, sondern träumt seine eigene Realität. Durch das offene Fenster weht die frische, salzige Brise des Pazifiks in das Schlafzimmer. In einigen Stunden wird sich Pete wieder einer anderen Realität zuwenden und einen ganz normalen Freitag als Grundschullehrer verleben. Solange es aber noch nicht soweit ist, liegt er seitlich mit geschlossenen Augen, atmet ruhig und weiß nicht so recht, was er mit dem Truthahn und seinem Bruder in dieser endlosen Weite anfangen soll.

Subjektivität als Teil der Wirklichkeit

In diesem einen Augenblick, als ich aus dem Fenster in die Straßen von Madrid blickte, haben gleichzeitig auf der Welt exemplarische dreizehn andere Menschen diesen Augenblick wie eben geschildert wahrgenommen. Und nicht nur die, sondern tatsächlich haben über sieben Milliarden Menschen diesen Augenblick auf eine ganz eigene, persönliche Weise erlebt. Die Zahl sieben Milliarden steht dabei nur als abstrakte Zahl, die wahre Dimension dieser Zahl ist für uns nicht annähernd greifbar.

Damit wird deutlich, dass unsere Welt aus schier unendlich vielen unterschiedlichen Sichtweisen und Wahrnehmungen besteht. Zusammen bilden sie ein riesiges Netz von subjektiven Wahrnehmungen. Dieses Netz erstreckt sich über die ganze Welt, wobei es an manchen Stellen dichter gewoben, an sehr dünn besiedelten Gebieten sehr lose gestrickt ist. Als Netz bezeichne ich es, da keine der subjektiven Wahrnehmungen isoliert von den Wahrnehmungen anderer Menschen existiert, vielmehr verbinden und verschlingen sich diese gegenseitig und ineinander. Gehe ich etwa auf einer Straße entlang und sehe dabei verschiedene Menschen an mir vorbei, vor mir oder neben mir gehen, sind diese nicht nur ein Teil meiner, in dem Fall visuellen Wahrnehmung, sondern ich bin ebenso in ihrem Blickfeld und damit Teil ihrer visuellen Rezeption. Ebenso verbinden sich unsere Gedanken mit dem Denken und Handeln anderer Menschen. Teilt mir ein Freund in einem Telefongespräch seinen Ärger über mein Verhalten an seinem Geburtstagsfest mit, kreuzt sich nicht nur unsere auditive Wahrnehmung, sondern die Wahrnehmung der Welt und die sich daraus ergebenden Handlungen bzw. Worte meines Freundes werden für meine Wahrnehmung, meine Gedanken und Gefühle in gewissem Umfang ursächlich sein. In der körperlichen Kontaktaufnahme, besonders in der Sexualität, erwirken mein Wesen und mein Körper eine Reaktion in der Wahrnehmung des anderen Menschen. Diese Beispiele könnten unendlich fortgesetzt werden. Wie stark unsere Wahrnehmung von den

Wahrnehmungen anderer Menschen mitbestimmt, beeinflusst oder nur berührt werden, wird aber leicht deutlich.

Der abstrakte Gedanke eines solchen Netzes mag noch recht anschaulich erscheinen. Wie aber manifestiert sich ein solches Netz von menschlicher Wahrnehmung? Zur Qualifizierung dieses Netzes sollten wir von der einzelnen Wahrnehmung ausgehen. Der Mensch ist wie jeder Gegenstand eine Ansammlung von Atomen, die sich in Bewegung befinden und so mit einer gewissen Energie ausgestattet sind. Das Energiefeld des Menschen lässt sich plastisch sehr gut anhand der vom Menschen ausgehenden Wärme, an den von ihm ausgehenden Geräuschen und an seinen Bewegungen erkennen. Mittels einer Wärmebildkamera oder eines Mikrofons lässt sich diese Energie schön darstellen. Dass diese Manifestationen nicht direkt im Zusammenhang mit der Bewegung von Atomen stehen, ist hierbei unschädlich. Den physikalischen Zusammenhang darzulegen würde hier zu weit führen. Wenn also der Mensch selbst ein Energiefeld darstellt und jede subjektive Wahrnehmung Kennzeichen und Attribut eines Menschen ist, wird deutlich, dass alle Wahrnehmungen Bestandteil eines Kreislaufs und Austauschs von Energieträgern sind. Der Mensch ist ein Energieträger und eine Energiequelle, unsere sinnlichen Wahrnehmungen sind die Verbindung des Menschen zur Außenwelt. Alle Wahrnehmungen der Menschen zusammen bilden ein energetisches Netz, das unsere Welt als Gesamtbild entstehen lässt. Jede einzelne Wahrnehmung ist Bestandteil der Wirklichkeit in dem maßgeblichen Augenblick und kann nicht hinweggedacht werden, ohne die Wirklichkeit der Welt in diesem Augenblick zu verfälschen. Jede einzelne Wahrnehmung ist damit Bestandteil unserer ganzen Welt. Wie dieses Netz aus Energiefeldern bzw. Wahrnehmungen genannt werden soll, spielt keine Rolle. Man mag es als Weltgeist, andere als Gott, wieder andere als Lebensprinzip bezeichnen. Dieser Gedanke kann sowohl in spiritueller, religiöser als auch in recht pragmatisch physischer Hinsicht interpretiert werden.

Bei mir persönlich wird bei diesen Überlegungen eine Geschichte ins Gedächtnis gerufen, die mir ein Freund in Indien erzählte, und die ich mittlerweile auch schon in manch spirituellem Buch so ähnlich wieder gefunden habe: Im Ozean rauscht eine Welle, glücklich mit sich und ihrem Dasein, bis sie eines Tages am Horizont ein Ufer erkennt. Als die steilen Klippen immer näher kommen, schlägt die anfängliche Neugier der Welle immer mehr in Angst um. Denn schon bald erkennt die Welle, dass ihre Freunde, die Wellen vor ihr, an den Klippen kläglich zerbrechen, zerbersten und grausam zerschmettert werden. Aus Furcht vor dem baldigen Ende beginnt unsere Welle ganz fürchterlich zu weinen. Als das eine etwas größere, ältere Welle hinter der unsrigen bemerkt, fragt sie unsere Welle: „Aber warum weinst Du denn?", worauf die Welle schluchzend antwortet: „Siehst Du denn die nahenden Klippen nicht, schon bald werden auch wir dort zerschellen und können nie mehr mit dem Wasser spielen. Wir werden sterben." Darauf lächelte die große Welle ruhig und meinte zu unserer Welle: „Aber Du brauchst doch keine Angst zu haben, wir werden nicht aufhören zu sein. Vielleicht sind wir dann keine Welle mehr, aber wir sind doch alle Teil unseres einen großen Ozeans."

Zum einen kann uns dieses unglaubliche Energienetz Ruhe und Weltvertrauen schenken. Der Gedanke, ein ganz kleiner Bestandteil von etwas ganz Großen zu sein, hat einen sehr beruhigenden Aspekt. Unser Handeln und Denken ist nicht ungeheuer wichtig und bedeutend, sondern nur ein winziger, wenn auch nicht hinweg zu denkender Bestandteil unserer Welt. Viele unserer Sorgen, viele unserer Entscheidungen lassen sich in diesem Licht vielleicht leichter ertragen. Gleichzeitig macht aber allein schon der Ausdruck „subjektive Wahrnehmung" deutlich, dass unsere Einsicht diesbezüglich sehr begrenzt ist. Wir können uns noch so intensiv versuchen vorzustellen, welche Sorgen und Gedanken andere Menschen irgendwo auf der Erde jetzt gerade haben, und dass unser eigenes Bewusstsein nur einen winzigen Teil der gesamten Lebenswirklichkeit darstellt. Und doch werden wir unsere subjektive Sicht, unsere Haut niemals verlassen können. Die Begrenztheit der menschlichen Wahrnehmung, des menschlichen Geistes, ist eines der unverrückbaren Attribute des Menschseins. Unzählige Gelehrte, Wissenschaftler und Religionsanhänger haben auf verschiedenste Weise versucht, dieser Begrenztheit zu entrinnen. Gleichwohl scheint jeder Versuch bisher gescheitert zu sein, sehen wir von einigen Religionsstiftern ab, wie z.B. Buddha, der den Übertritt in den übermenschlichen Wahrnehmungszustand des Nirwana erreicht haben soll. Andere, wie der berühmte Doktor Faustus, haben vergeblich versucht, dem Weltgeist ins Angesicht zu blicken: „Da steh ich nun ich armer Thor! Und bin so schlau als wie zuvor."

Unsere Gefühle und Wahrnehmungen werden in kläglicher Weise subjektiv bleiben. Sie werden uns übermannen, und wir werden uns gelegentlich glücklich fühlen, obwohl wir wissen, dass in Afrika Millionen von Menschen gerade nahezu verhungern. Wir werden uns um eine lästige Entscheidung quälen, und der Gedanke daran, dass Milliarden anderer Menschen gerade ganz andere Gedanken beschäftigen, wird uns selbst in diesem Moment wenig helfen. Und doch sollte uns der Gedanke daran stets lehren, Demut vor dem Leben zu bewahren und uns selbst manchmal nicht zu wichtig zu nehmen.

Der Gedanke an unsere ewig währende, nicht zu durchbrechende Subjektivität sollte uns denn zumindest die Begrenztheit und die Parteilichkeit unseres Geistes offenbaren. Es bleibt unmöglich, sich in die Situation eines anderen Menschen, in seine Sicht, seine Gefühle, seine Gedanken, sein ganzes Wesen mit all seiner Vergangenheit und seinem gegenwärtigen Augenblick zu versetzen. Und dennoch sollten wir eingedenk eben unserer Limitierung in unserem subjektiven Denken nicht davon ablassen, zumindest zu versuchen, uns so gut als möglich in andere Menschen zu versetzen. Indem wir ihre Probleme ernst nehmen, indem wir ihnen zuhören, indem wir ungewöhnliche Reaktionen respektieren und indem wir ihre Andersartigkeit tolerieren, ja sogar schätzen und lieben. Hier ist auch die oft als so weltfremd verschriene Kunst für mich einen große Chance und Hilfe. In jedem Kunstwerk, etwa in Romanen und in der Malerei, wird der subjektiven Wahrnehmung des Künstlers zum Ausdruck verholfen. Dies ermöglicht dem Betrachter, ein Stück weit in die Sicht der Welt des Künstlers einzudringen. Es gibt also verschiedene Möglichkeiten, von der unendlichen Fülle von anderen Wahrnehmungen dieser Welt zu profitieren und daran teilzuhaben. Vielleicht wird durch mehr Empathie unser Alltag nicht nur manchmal einfacher, sondern gar herzlicher, reicher und verständnisvoller.

Gibt es Wirklichkeit?

Gleichzeitig stellt sich eingedenk der Subjektivität unserer Wahrnehmung die Frage, ob die Welt denn tatsächlich objektiv oder nur in unserer Wahrnehmung und von uns Menschen abhängig existiert. Diese Frage kreist nicht nur um physische Probleme, sondern war bereits der Gegenstand vieler philosophischer Überlegungen, deren Richtung gemeinhin als Konstruktivismus bezeichnet wird. Die Kernaussage des Konstruktivismus besagt, dass eine Wahrnehmung niemals ein Abbild der Realität liefert, sondern immer eine Konstruktion aus Sinnesreizen und Gedächtnisleistung eines Individuums ist.

Der Mensch nimmt die Welt in einer Weise wahr, wie es ihm seine Sinnesorgane ermöglichen. So reagieren unsere Augen auf optische Wellen, die Ohren auf akustische Schwingungen. Unsere Physik versucht diese „Mechanismen" zu erklären. Ob die Welt aber tatsächlich so ist, wie wir sie wahrnehmen, ist damit nicht gesagt.

Die Evolution und der damit einhergehende Überlebenswettbewerb lehrten unsere Sinne, aus der unendlichen Fülle verfügbarer Informationen nur jene aufzunehmen und zu verarbeiten, die für unsere Bedürfnisse bedeutsam sind. Die hohe Selektierung und Spezialisierung unserer Sinnessysteme versorgt uns mit verhaltensrelevanten Informationen, legt dabei aber keinen Wert auf Vollständigkeit und Objektivität. Vielmehr sind die von uns als objektiv empfundenen Wahrnehmungen das Ergebnis dieser konstruktiven Vorgänge. Unsere kognitiven Leistungen sind durch die materielle Bedingtheit unseres Körpers begrenzt, weshalb wir die Grenzen nicht kennen, jenseits deren unsere Kognition versagt, wie der Neurobiologe Singer treffend anmerkt. Der Mensch nimmt die Welt demnach in der uns bekannten, wenn auch von Mensch zu Mensch innerhalb menschlicher Grenzen variierenden, subjektiven Wahrnehmung wahr. Es bleibt aber dahingestellt, wie ein anderes Wesen, beispielsweise ein Außerirdischer, unsere Welt wahrnehmen würde. Vielleicht würden seine Sinnesorgane auf Reize reagieren, die wir nicht wahrnehmen können und die uns vielleicht sogar gänzlich unbekannt sind. Daraus könnte sich für diesen Außerirdischen ein ganz anderes Bild von unserer Welt ergeben, seine gänzlich von uns verschiedenen Sinnesorgane würden ihm womöglich eine Wirklichkeit zeichnen, die der unsrigen völlig fremd ist. Natürlich sind diese Gedanken rein spekulativ. Aber die Möglichkeit, dass diese Annahmen wahr sind, kann nicht bestritten werden. Deshalb erscheint es für mich zwingend, dass die Realität, die wir Menschen wahrnehmen, auch als subjektiv begriffen werden muss. Thomas Mann streift in seinem epochalen Roman „Der Zauberberg" auch dieses Thema und bedient sich dabei recht drastischer Worte, die er einem seiner Protagonisten in indirekter Rede in den Munde legt: Wissenschaft „sei ein Glaube wie jeder andere, nur schlechter und dümmer als jeder andere, und das Wort der Wissenschaft selbst sei der Ausdruck des stupidesten Realismus, der sich nicht schäme, die mehr als fragwürdigen Spiegelungen der Objekte im menschlichen Intellekt für bare Münze zu nehmen oder auszugeben und die geist- und trostloseste Dogmatik daraus zu bereiten, die der Menschheit je zugemutet worden sei. Ob nicht etwa der Begriff einer an und für sich existierenden Sinneswelt der lächerlichste aller Selbstwidersprüche sei? Aber die moderne Naturwissenschaft als Dogma lebe einzig und allein von der metaphysischen Voraussetzung, dass die Erkenntnisformen unserer Organisation, Raum, Zeit und Kausalität, in denen die Erscheinungswelt sich abspiele, reale Verhältnisse seien, die unabhängig von unserer Erkenntnis existierten. Diese monistische Behauptung sei die nackteste Unverschämtheit, die man dem Geist je geboten."

Auch wenn ich nicht solch spottende Worte wie Mann gebrauchen möchte, kann ich nicht umhin festzustellen, dass die Welt, die man leichthin als objektivierte Wirklichkeit verstehen mag - so sei ein Stein eben objektiv ein Stein - nichts anderes als unsere subjektive Wahrnehmung von der Welt sein kann. Nur unsere Wahrnehmungen lassen die Welt, solange wir sie als unsere bezeichnen, existieren. Eine Welt ohne Menschen ist insoweit eine Illusion. Denn die Welt besteht nur in unserer subjektiven Wahrnehmung, ohne diese gibt es keine Welt. Alle Gegenstände, genau wie unsere Gedanken, können nur existieren, weil sie in unserer subjektiven Wahrnehmung existieren. Was aber nun anstellen mit diesen Überlegungen und mit diesen Schlussfolgerungen? Diese Gedanken werden uns wenig helfen, unseren Alltag des Menschseins einfacher oder gar besser zu bestreiten. Sollten wir sie aber deshalb einfach vergessen? Natürlich ist dies eine Sache, die jeder selbst entscheiden muss. Wenn man aber einmal anfängt, über existentielle Fragen nachzudenken, geht es vielen so, dass sie dann auch mehr wissen wollen. Mit dem Gefühl, von den wichtigsten Dingen, und dazu kann die Existenz unserer Welt wohl gezählt werden, keine Vorstellung zu haben, will man nicht unbedingt leben, damit will mancher sich nicht so einfach abgeben. Dies ist auch der Grund, warum Philosophie letztlich existiert. Mit dem Argument, „darüber könnte man lange philosophieren", kann man zwar fast jede philosophische Diskussion abwenden und sich wieder dem Abwasch zuwenden. Solch spöttische Resignation kann aber viele nicht davon abhalten, über Themen, die sich schwerlich der endgültigen Wahrheit erschließen, nachzudenken und über sie zu diskutieren. Meinungsverschiedenheiten und Ungewissheiten sind Hauptbestandteil der Philosophie, die nicht gegen sie verwandt werden können, sondern gerade ihr immanenter Bestandteil sind. Dazu mag man sich Sokrates ins Gedächtnis rufen, der einzig davon überzeugt war, dass „ich nichts weiß", und dennoch das Fragen nicht sein lassen konnte. Und so lieber Leser, schließe ich diesen Artikel über die Subjektivität in dem Bewusstsein unserer körperlichen Grenzen und hoffe, jeder möge mit dem Bewusstsein unserer irrealen Welt wenigstens gut zu leben wissen.

ÜBER DIE MACHT DES GELDES

Einleitung und Problemaufriss

Geld ist einer der Faktoren, um den unser Leben unweigerlich und unaufhörlich kreist. Wir verbringen viel Zeit damit, es zu verdienen, machen uns Gedanken darüber, wie wir es am Besten wieder ausgeben oder anlegen und bekommen überdies von weiten Teilen unserer Gesellschaft ständig die Botschaft vermittelt, dass wir nur mit viel Geld wirklich angesehen und glücklich werden können. Täglich werden wir mit Börsennachrichten bombardiert, müssen wir das Schwinden unseres Bargeldes im Portemonnaie ertragen und wird uns von der Werbung ein noch tolleres Auto vorgestellt. Es stellt sich die Frage, ob der Stellenwert, den Geld in unserer Gesellschaft und bei vielen von uns persönlich hat, angemessen ist.

Zunächst ist Geld an sich natürlich etwas Wichtiges und Nützliches. Es zu haben, am Besten reichlich davon, empfindet wohl jedermann als ausgesprochen angenehm. Mit Geld kann man sich eine ganze Menge kaufen, denn es fungiert seit einigen Jahrtausenden als allgemeine Tauschwährung: Nützliches wie Essen oder Kleidung, aber auch Vergnügen, Reisen, Status, Ansehen, ja fast alles Materielle und vielleicht sogar Freunde und ein bisschen Freude sind käuflich. Letztlich wissen wir aber irgendwo in unserem schlauen Verstand, dass man sich eben nicht alles kaufen kann. Gerade bei den wahren Werten des Lebens, das scheinen wir alle zu wissen, kommt man mit Geld nicht wirklich weiter.

Auf die Frage, was einem wirklich wichtig ist im Leben, eine der existentiellsten Fragen überhaupt, würden die meisten wohl mit Familie, Liebe, Gesundheit, Glücklichsein, Ausgeglichenheit, vielleicht noch mit Freundschaft und Lebensqualität antworten. Sicher würden die Antworten ein wenig variieren, aber letztlich würden die Antworten eines Großteils der Befragten in Richtung dieser Werte gehen. Und dennoch kommt es einem so vor, als ob die Menschen einen Großteil ihrer Energie in etwas anderes steckten als in die Erreichung eben dieser Werte. Vielmehr scheint das Streben nach Geld und letztlich nach Macht, bewusst oder unbewusst, eine bedeutende Rolle im Alltag der Menschen zu spielen. Dabei ist mir klar, dass tägliche Arbeit in aller Regel die einzige Möglichkeit ist, um zu überleben. Geld muss verdient werden, um den eigenen Lebensunterhalt zu bestreiten. In diesem Sinne ist eine Ausrichtung auf Geld natürlich verständlich, richtig und wichtig. Dies gilt ganz besonders bis zur Befriedigung des Existenzminimums. Solange man für die Grundbedürfnisse des Lebens nicht genug Geld hat, erübrigen sich alle weiteren Überlegungen. Der pure Überlebenskampf fesselt hier sämtliche Energie. Ich darf mich glücklich schätzen, dass in meinem Umfeld kaum jemand mit dem puren Überleben zu kämpfen hat. Immer eingedenk dieses Glücks richtet sich dieser Aufsatz vornehmlich an Menschen unserer westlichen Welt, die insbesondere durch ihre Arbeit über genug Geld zur Befriedigung ihrer Grundbedürfnisse verfügen.

Symptome der Geldfixierung

Bei vielen Menschen der westlichen Welt muss man feststellen, dass dem Geldverdienen eine Stellung eingeräumt wird, die das Maß der Notwendigkeit bei weitem übersteigt. So gibt es zum einen gerade in den höheren Schichten unserer Gesellschaft viele Menschen, die ein ungeheures Pensum ihrer Zeit und ihrer Konzentration in die Erlangung von noch mehr Geld

und noch mehr Macht stecken. Hier ist zunächst klarzustellen, dass Schaffenskraft, beruflicher Erfolg und die Erreichung bestimmter Ziele urmenschliche, schöne und wichtige Bestandteile des Lebens vieler Menschen sind. Sein Engagement, sein Können und einen guten Teil seiner Zeit in die Arbeit zu stecken, ist nicht nur, und das in erster Linie, eine finanzielle Notwendigkeit, sondern trägt in erheblichem Maße zu einem ausgeglichenen und glücklichen Leben bei. Allerdings muss leider festgestellt werden, dass neben dem beruflichen Erfolg häufig Dinge auf der Strecke bleiben, die für alle Menschen eigentlich als die wesentlichen bezeichnet werden. Wenn man um sich blickt, werden sich einige Menschen finden, deren Streben sich sehr stark danach ausrichtet, noch mehr Geld zu verdienen und das eigene Ansehen durch einen tollen Job, ein dickes Auto und ein tolles Haus zu vergrößern, obwohl bereits einiger Reichtum angehäuft wurde. Dies geschieht in der Regel nicht direkt und bewusst. Wenn man sich aber die Arbeitszeiten vieler Menschen ansieht, wenn man feststellt, wie viele Menschen arbeiten bis zum Umfallen und vielfach darin ihre Bestätigung und Ablenkung finden oder diesen Zustand einfach jedenfalls nicht abstellen, wird die Orientierung klar. Die private Wirtschaft weiß sich diesen Drang natürlich zunutze zu machen und überflutet uns alle mit Anreizen zu „größer, besser, mehr", das neueste Handy, der schönste „Flat-Screen", die coolsten Klamotten. Darauf werden wir getrimmt, und darauf richtet sich unser Streben. Natürlich würde es fast jeder von sich weisen, dass ihm solche Dinge wichtig sind, aber wir leben in einer Gesellschaft, in der einzig die Teilhabe an diesem Konsumdenken die Gesellschaft am Leben erhält. Fällt die Konsumquote, geht nicht nur durch Wirtschaft und Politik ein Aufschrei, und Untergangsstimmung macht sich breit.
Deshalb „funktionieren" mache von uns wie folgt: Nach einer

stressigen Arbeitswoche wird am Samstag in die Stadt gerannt und werden der flachste „Flat-Screen" und die stylischsten Schuhe gekauft. Am Montag früh ist man wieder der Erste am Arbeitsplatz und am Freitagabend der Letzte, der geht, damit der Chef einen bald zu Rang- und Gehaltserhöhung ins Büro bittet. Am Sonntag wird mit dem neuen „Schlitten" durch die beste Villengegend gefahren und sich das standesgemäße Haus ausgesucht. Bei der Einweihungsfeier mit dem tollsten Caterer wird nicht einmal bemerkt, dass man eigentlich keine liebevolle, verständige Beziehung zu sich selbst, geschweige denn zur eigenen Familie oder zu echten Freunden hat.

Aber natürlich ist nicht alles so klischeebehaftet und erst Recht nicht so schwarz oder weiß. Einen sinnvollen Beruf auszuüben, auch darin erfolgreich zu sein und womöglich sehr viel Geld zu verdienen soll hier nicht als „schlecht" oder „böse" erscheinen. Diese Wertung wäre so sicher falsch und dumm. Sich kaum mit sich selbst auseinanderzusetzen, zu seiner Familie einen guten, aber doch recht oberflächlichen Kontakt zu haben, mit seinen Freunden Spaß zu haben, aber sich nicht wirklich zu öffnen und die Andersartigkeit des Freundes zu erkennen und zu schätzen, all das ist menschlich und in manchen Lebensphasen vielleicht sogar nötig. Geld als willkommenes Mittel zur Vereinfachung und „Verschönerung" vieler Abläufe zu benutzen, auch eine gewisse Konzentration hinsichtlich der Mehrung solcher Möglichkeiten, ist menschlich und sinnvoll. Dennoch könnten viele von uns, und dazu zähle ich mich natürlich auch, ein wenig der Energie, die sie in ihre Arbeit stecken, in häufig vernachlässigte Bereiche investieren, die ich später noch näher beleuchten möchte. Allerdings gibt es mittlerweile in unserer Gesellschaft schon Tendenzen in eine Richtung, in der die Arbeit und Geldanhäufung nicht mehr an oberster Stelle stehen (vgl. exemplarisch Neon 07/2008: „Arbeitsfalle"). Zudem geht die Jahresarbeitszeit seit fast zweihundert Jahren kontinuierlich zurück, der sinnvolle Umgang mit Freizeit wird immer wichtiger. An vielen „arbeitswütigen" Menschen scheinen solche Tendenzen aber völlig vorbeizugehen.

Die Kehrseite einer Erfolgsgesellschaft bilden die Menschen, die diese Erfolgsleiter nicht erklimmen können und so zeitlebens zu ermüdender Routine gezwungen werden. Viele ergeben sich der Monotonie des Alltags und hören auf, sich über ihre Träume und ihr Leben existentielle Gedanken zu machen. So muss man beobachten, dass der tägliche Trott und die Gewöhnung dazu beitragen, dass viele Menschen in der westlichen Welt vor lauter Geldverdienen und Wohlstand aufhören zu leben. Bei Betrachtung der Gesichter meiner Mitmenschen in der S 8 am Montag um 17:39 Uhr kurz vor der Haltestelle Olching muss ich feststellen, dass sich die Allermeisten die Frage nach dem Wesentlichen im Leben entweder viel zu lange nicht mehr gestellt haben oder jegliche Hoffnung auf Annäherung an diese Werte längst aufgegeben haben. Viele Menschen scheinen leblos geworden zu sein, haben sich dem Trott aus Arbeit, Erwartungen und Fremdsteuerung längst ergeben und aufgehört, ihre Träume zu ersehnen, geschweige denn sie zu leben. Man begegnet nicht oft aufmerksamen Menschen, die sich trotz des täglichen Lebens ein waches Gemüt bewahrt haben. Meist werden diese dann auch noch als Störenfriede oder verrückte Künstler betrachtet, weil sie den anderen, unbewusst, den Spiegel ihrer eigenen, eingefahrenen Existenz vorhalten. Dabei bedarf es weder eines Künstlers noch eines Störenfrieds, um am Leben zu bleiben im 21. Jahrhundert. Auch der Mitarbeiter einer Bank, der Schriftsteller oder der Straßenfeger behält zeitlebens die Fähigkeit, wirklich Mensch zu sein. Die meisten vergessen es leider nur.

Warum verwendet der Mensch so viel Anstrengung, Zeit und Konzentration darauf, Geld und Ansehen zu erlangen, und verfällt in Resignation, falls dies nicht gelingt? Mit der „Erfindung" des Geldes wurden die Urtriebe nach Macht und Ansehen auf die Erreichung eines einfacher zu messenden Ziels gelenkt: der Anhäufung von Geld zur Erlangung großen Reichtums. Freilich gibt es Menschen, die Geld an sich meist aus persönlichen, oft familiären Gründen als etwas sehr Negatives betrachten oder schon sehr viel Geld haben und deshalb weniger auf Geld denn unmittelbar auf Ansehen aus sind. In aller Regel aber wird Geld zur Mehrung des eigenen Ansehens instrumentalisiert. Warum richten also viele Menschen ihr Streben an der Anhäufung von Geld aus? Warum tendieren wir dazu, den Erfolg eines Lebens nach dem Kontostand zu bemessen?

Vielleicht liegt es ja an unserer kapitalistischen Gesellschaftsform, dass Geld und Macht so bedeutend und erstrebenswert erscheinen. Denn in dieser bewegt notwendigerweise Geld die Welt und erhält nur so die Gemeinschaft funktionsfähig. Die demokratische, soziale Marktwirtschaft ist wohl die beste unter vielen schlechten Möglichkeiten, um unser Zusammenleben zu regeln. Denn Grundlage für die Schaffung jeglicher Ordnung bilden die zu ordnenden Subjekte, eine Gesellschaftsordnung wird sich also an der Natur der Menschen ausrichten. Eines der stärksten Merkmale des Menschen ist sein Streben nach Besitz, Ansehen, Macht und Überordnung gemischt mit einer latenten Überlebensangst, die ihn sich ständig um Sicherheit mühen lässt. Diese Urtriebe des Menschen bewegen die Menschheit, Besserung ist kaum in Sicht. Das Darwinistische Evolutionsprinzip, der allgemeine Mangel an Liebe und eine tief verwurzelte Unsicherheit sind letztlich traurige Ursachen hierfür. Große Visionäre wie Engels oder Marx haben versucht, diesen Kreislauf durch die Schaffung einer neuen Gesellschaftsordnung des Miteinander zu durchbrechen. Was der Mensch daraus gemacht hat, haben wir mit einem langen kalten und vielen tatsächlichen Kriegen bezahlt. Aber die Geschichte hat schon vorher gezeigt, dass der Mensch auch ohne politische Konzepte stets in der Lage ist, die oben beschrieben Abgründe unseres Menschseins herauszukramen und Krieg auf Krieg, Unverständnis auf Unverständnis, Hass auf Hass folgen zu lassen. Religiöse Strömungen des Menschen versuchten zu lehren, seinen Nächsten wie sich selbst zu lieben, nach der geschundenen die andere Wange hinzuhalten, andere Werte als Geld und Macht zu predigen, nur es half alles Nichts. Gleich einer Verspottung dieser hehren Ziele benützen die Nachfolger Christi diese Lehre sogleich, um an Macht und Herrschaft zu gelangen und die eigenen Werte mit Füßen zu treten.

Leider werden heute die reichsten Menschen auf dieser Erde, all die Bill Gates, Warren Buffets und Dagobert Ducks, in unserer Gesellschaft geradezu abgöttisch angehimmelt. Jedes Kind in der westlichen Welt kennt deren Namen, Bewunderung schlägt ihnen allenthalben entgegen, sie werden wie Ikonen behandelt. Jedes Jahr erscheinen unzählige Ranglisten in den verschiedensten Medien, die die Menschen mit den größten Geldanhäufungen benennen. Und die am Besten dazu gleich noch ihre Jachten, ihre Autos, Frauen und Häuser mit ablichten. Aber haben wir vergessen, dass diese Menschen auch scheißen müssen, eine Kindheit hatten und vielleicht sogar auch nur durch Liebe, wahre zwischenmenschliche Beziehungen und Ausgeglichenheit Glück empfinden? Vielleicht sind es gar cholerische, egoistische oder arrogante Menschen, und doch werden sie als der erfolgreiche Mensch schlechthin dargestellt. Jeder schart sich gerne um sie, will sich Freund nennen lassen, die Kinder sind stolz, so tolle Väter zu haben, die Welt bewundert sie. Dies führt meines Erachtens sehr schön vor Augen, welchen enormen gesellschaftlichen Wert und welche Bedeutung Geld hat. Ob diese Menschen liebevoll oder glücklich sind, scheint nicht zu zählen.

Aristoteles Onassis hat einmal gesagt, dass „ein reicher Mann ein armer Mann mit viel Geld ist". Das ist sicher eine sehr subjektive Aussage, trifft sicher nicht immer zu, aber es zeigt mal wieder schön auf, dass Reichtum alles andere als eine Voraussetzung fürs Glücklichsein ist. In einer Untersuchung haben amerikanische Wissenschaftler herausgefunden, dass Menschen, die durch ihr eigenes Schaffen großen Reichtum angehäuft haben, häufiger keine Liebe in ihrer Kindheit erfahren haben als der Durchschnitt. Dies belegt, dass die Anhäufung großer Mengen Geld vielfach als Kompensation für ein tiefes Minderwertigkeitsgefühl benutzt wird. Erfuhr man in der Kindheit wenig Liebe, wird man häufig versuchen, die Bestätigung, den Mangel an Zuneigung durch materielle Dinge von der Gesellschaft zu erlangen. Dass dies natürlich nur schief gehen kann, zeigt das Zitat von Onassis sehr anschaulich.

Was anders machen?

Was kann ich der Allmacht des Geldes entgegensetzen, damit zumindest das eigene Leben von anderen Werten geprägt wird als der Anhäufung von Geld? Ein erster Schritt ist sicher, die eigene Arbeit mit seinen eigentlichen Zielen und Träumen abzugleichen.

In unserem vererbten Gedankengut ist tief verwurzelt, dass man arbeiten muss, um Geld zu verdienen, dieses wird man dann schon irgendwie in Glück umwandeln können. Verdiene ich Geld, kaufe ich mir davon Glück. Verdiene ich mehr

Geld, kaufe ich mehr Glück. Zum Teil kann das sicher auch gelingen, die Grenze wird aber immer das Materielle bleiben. Wieso also nicht versuchen, soweit dies irgendwie möglich ist, schon in der Arbeit selbst das Glück zu suchen, ohne erst mittels der Tauschwährung Geld dieses vielleicht zu erlangen. Dazu müsste man einen Beruf finden, der einen weitgehend ausfüllt und glücklich macht. Das mag für manche ein Beruf sein, der einem die Fähigkeit gibt, seine Menschlichkeit in etwas Sinnvolles einzubringen. Oder der sich an den eigenen Neigungen ausrichtet, sei dies als Künstler, Reisereporter oder Bankberater. Wenn man irgendwie die Möglichkeit hat, sollte man versuchen, seinem Traumjob nachzugehen. Damit spreche ich all diejenigen an, die über genügend finanzielles und geistiges Kapital verfügen, um aus dem Trott einer unbefriedigenden Arbeit auszubrechen. Wer aber täglich ums Überleben kämpft, kann sich Gedanken wie Sinn und Glück höchstens in anderer Form nähern. Insoweit muss ein ausfüllender Beruf auch als großer Luxus begriffen werden. Allerdings muss man dafür bereit sein, gewisse Risiken einzugehen, die auch und besonders darin bestehen können, sich außerhalb der Normen der Gesellschaft zu bewegen. Vielleicht hilft es bei dieser Suche, einen Beruf zu ergreifen, der sich nicht nur daran ausrichtet, aus Geld noch mehr Geld zu machen. Dies ist es letztlich, was sämtliche Unternehmen der freien Wirtschaft tun: aus ihrem Besitz noch mehr Besitz zu generieren. Aber dies muss natürlich jeder für sich selbst entscheiden. Da nicht jeder von uns Arzt, Entwicklungshelfer, Künstler oder Lehrer werden kann, sondern wir auch essen, Auto fahren und verreisen wollen, trägt jeder Beruf der freien Wirtschaft natürlich zum Wohl einer funktionieren Gesellschaft bei. Den Wunsch, mit seinem Beruf ein Stück weit zum eigenen Glücklichsein beizutragen, sollte aber niemand aufgeben.

Wenn man ältere Menschen fragt, was sie an ihrem Leben bereuen, wird man als Antwort selten begangene Taten erhalten, sondern viel häufiger das Unterlassen von Handlungen als größte Lebensfehler mitgeteilt bekommen. Es scheint mir wichtig, sich niemals über einen größeren Zeitraum mit dem Gefühl abzugeben, vom Leben gelebt zu werden. Denn nicht nur die Allmacht des Geldes, auch die Natur des Menschen verleitet uns häufig dazu, in einen Trott der Oberflächlichkeit, der Gewöhnung, der Bequemlichkeit oder auch des blinden Ehrgeizes zu verfallen, so dass wir manchmal nur noch mitschwimmen, anstatt unsere Liebe und Träume zu leben. Ein starkes Streben nach Sicherheit wurde uns von der Evolution mitgegeben, das uns häufig im Bereich des soliden, sicheren Mittelmaßes gefangen hält. Hesse fasste das schön zusammen, indem er formulierte: „Kaum sind wir heimisch einem Lebenskreise und traulich eingewohnt, so droht Erschlaffen! Nur wer bereit zu Aufbruch ist und Reise, mag lähmender Gewohnheit sich entraffen."

Lähmende Gewohnheit hindert uns häufig daran, unsere Träume tatsächlich zu leben. Vielfach wird das fehlende Geld als Argument angebracht, warum man seine eigenen Träume nicht verwirklicht. Hätte man nur soundso viel Geld, würde man die Weltreise, den Traumberuf, die „verrückten" Wünsche schon erfüllen, aber ohne Geld… Es braucht aber für die existentiellen Dinge im Leben kein Geld, wie wir schon ganz am Anfang gemeinsam festgestellt haben.

Was es braucht ist Vertrauen und Liebe zu sich selbst und dem Leben gegenüber, Mut, Initiative, ein Konzept und Kapital. Und mit Kapital ist hier nicht Geld gemeint, sondern die Fähigkeiten jedes einzelnen Menschen. Hier sind wir bei einem weiteren Problem, das die ständige Orientierung am Geldverdienen mit sich bringt. Oscar Wilde hat dies sehr treffend mit folgenden Worten beschrieben: „Wir leben in einem Zeitalter der Überarbeitung und der Unterbildung, in einem Zeitalter, in dem die Menschen so fleißig sind, dass sie verdummen und das Glück um sie herum verdrängen." Vor lauter Arbeit wird die Bildung völlig vernachlässigt; ich spüre am eigenen Leib, wie selten man neben der täglichen Arbeit noch an der eigenen Bildung arbeitet. Dabei meine ich mit Bildung sicher nicht die Bildung in einem gerade in unserer Gesellschaft immer noch sehr lebendigen bildungsbürgerlichen Sinne. Kennzeichen des Bildungsbürgertums ist, dass Bildung nur zum Prahlen mit dem eigenen Wissen oder aber zum puren Zeitvertreib ange-häuft wird. Wahres Zeichen von Bildung ist aber, wenn Wissen nicht nur als Ansammlung von Informationen, als gesellschaft-licher Dekor oder als vergnüglicher Zeitvertreib missbraucht wird, sondern vielmehr zu innerer Veränderung und geistiger Erweiterung beiträgt. Das unterscheidet den Gebildeten vom Bildungsbürger und Bildungsspießer. In diesem Sinne sollten wir uns bilden, um unsere eigenen Horizonte zu erweitern und um an uns selbst zu arbeiten. Dies kann geschehen, in-dem wir uns mit den Gedanken von Nietzsche oder Sokrates beschäftigen, indem wir eine Sprache lernen, indem wir Po-esie von Neruda oder Garcia Lorca lesen, indem wir uns mit Malerei oder Musik beschäftigen, indem wir ein Instrument zu spielen erlernen, versuchen, aus der Geschichte zu lernen oder mittels der psychologischen Forschung mehr über uns zu erfahren. Wer geht denn heute noch in ein Theater nicht aus bloßem Zeitvertreib, wer liest denn heute noch Dostojewski, wer beschäftigt sich nicht nur mit der Bankenkrise, sondern auch mit der Kunst von Joseph Beuys? Die allgegenwärtigen Medien, allen voran Fernsehen und Internet, und unmensch-liche Arbeitszeiten machen leider langsam das pessimistische Zitat von Oscar Wilde wirklich wahr, so dass wir alle zwar die

Vertragslaufzeit unseres Idols Frank Ribery und die Vorzüge des neuesten iPhone kennen, aber von Faust oder dem Nihilismus nicht die geringste Ahnung haben. Bildung kann dazu beitragen, das eigene Leben zu überdenken und zu relativieren. Bildung lehrt uns, die Sichtweisen anderer zu respektieren und das eigene Denken nicht so wichtig zu nehmen. Ich denke, Bildung ist ein bedeutender Schlüssel, um als Mensch näher zu sich selbst zu gelangen.

Deshalb sollten wir versuchen, mehr an den in uns selbst angelegten Fähigkeiten zu arbeiten, und damit weniger Gedanken und Zeit um das liebe Geld, dessen Erwerb und dessen Verwendung kreisen zu lassen. Vielmehr sollten wir in uns selbst investieren. Um uns selbst besser kennen zu lernen, um unsere Wünsche und Träume zu verstehen und zu leben, um die Prägungen unserer Eltern und unserer Umwelt zu betrachten und verantwortungsvoll damit umzugehen und sich so sich selbst anzunähern. Offenheit leben gegenüber den Menschen, die man liebt, an der eigenen Fähigkeit arbeiten, anderen zuzuhören, investieren in Bildung, Kritikfähigkeit, Toleranz, Freundschaft und Liebe, um so zu einem glücklichen Leben zu gelangen, in dem Geld und Macht wirklich so nicht wichtig sind.

ÜBER FREUNDSCHAFT

Fast jeder bezeichnet einige oder gar viele Menschen als seine Freunde. Doch was hat es mit einer Freundschaft eigentlich auf sich? Was zeichnet eine Freundschaft aus, was macht sie wertvoll? Und sind Freundschaften wirklich so häufig wie wir alle denken? Um diesen Fragen auf den Grund zu gehen, wollen wir das Wesen der Freundschaft einer kleinen Untersuchung unterziehen.

Die Freundschaft ist vielleicht die klarste und reinste Form zwischenmenschlicher Zuneigung. Nicht die Tiefe, Schwere und Unlösbarkeit der familiären Verstrickungen wie zu Eltern, Geschwistern oder weiteren Anverwandten adelt oder geißelt sie. Auch ist sie nicht mit der Intensität und Finalität einer partnerschaftlichen Beziehung beglückt und beschwert, darf oder muss weder die Ekstase noch die Routine der Sexualität ertragen. Vielmehr beruht sie auf einer unbedarften Sympathie, die zu tiefer Verbundenheit führen kann. In schweren Stunden mag man die neutrale Schulter des Freundes schätzen, Gedankenaustausch und gemeinsames Wachsen des Geistes gehen mit dem einen oder anderen vergnügten Ausfluge oder Abend einher. Die Intensität dieser Beziehung lässt sich beliebig regeln, kein täglicher Verkehr ist vorgeschrieben, kein Anstand oder die Blutverwandtschaft gebieten regelmäßigen Kontakt. Einzig der eigene Antrieb, das Bedürfnis, sich mit dem Freund auszutauschen, zu vergnügen, gemeinsam zu trauern, leitet diese ehrliche, platonische Liebe an.

Nun scheint es fast, als sei eine jede Freundschaft, um die Mühen anderer Beziehungen entledigt, ein Kinderspiel, das von der Hand zu gehen jedem leicht fällt. Jedoch so einfach ist es nicht, wenn sich zwei Menschen auf eine Freundschaft einlassen wollen, können. Denn Gegenstand der Gedanken hier soll nicht das allzu leichte Band, die oberflächliche Freundschaft sein, welche ich fortan lieber Bekanntschaft nennen will, um sie deutlich von der Freundschaft abzugrenzen. In einer Bekanntschaft herrscht wenig wahrer Austausch, vielmehr wird die Gemeinsamkeit unbedarft genossen, ohne zu tief nach dem wahren Verstehen des Anderen zu trachten. Manchmal wird auch nur ein bestimmter Nutzen oder Vorteil in einer Bekanntschaft gesucht, was dann als „Zweckfreundschaft" bezeichnet werden kann. Der häufig zu Idealisierung neigende Michel de Montaigne meint zu dieser Art von Bekanntschaft: „All jene menschlichen Beziehungen, die aus geschlechtlichem Bedürfnis oder Gewinnstreben, aus privater oder öffentlicher Notwendigkeit entstehen und gepflegt werden, sind umso weniger schön und edel und daher um so weniger wahre Freundschaften, als sich hier andere Gründe, Zwecke und Erwartungen beimischen." Diese Art von Bekanntschaften sind ohne Zweifel ein recht ebener Pfad, der leicht gegangen und bei Widerstand verlassen werden kann, ohne groß Verlust zu leiden. In anderen Bekanntschaften kennt man sich womöglich schon recht lange, auch und gerade das verbindet. Man kennt sich von der Schule oder der Universität, man scherzt und plaudert gerne. Über einem Bierchen wird auch mal über so manche Sorge geredet, aber letztlich bleibt es bei fingierter Oberfläche, bei bewusstem Öffnen, doch mit Grenzen, bei leichtem Ratschlag und Schulter klopfendem Bedauern. Damit soll nicht gesagt sein, dass eine Bekanntschaft schlecht oder minderwertig ist. Sie ist vielmehr häufig angebracht und wohltuend, verschafft uns ungezwungenen Zeitvertreib, angenehmes Beisammensein oder manchen Nutzen. Überdies ist es wohl schon zeitlich kaum möglich, einen großen Kreis von Menschen als Freunde zu haben. Weiter mag es Menschen geben, die man nicht seit Jahren kennt, und die doch plötzlich dort erscheinen, wo man Freuden teilt. Ein neuer Spaßgenosse findet sich in der Regel schnell, wenn man einen solchen sucht. Es gibt viele Abstufungen an Tiefe, Zuneigung und Liebe in einer zwischenmenschlichen Beziehung wie der Freundschaft. Ob eine oberflächliche oder zweckorientierte Beziehung nun auch als Freundschaft oder eher als Bekanntschaft, was mir wie gesagt passender erscheint, bezeichnet werden sollte, ist eine Frage der Anschauung und des Geschmacks. In einer der soeben beschriebenen Formen würde fast jeder behaupten, dass er einige solcher Bekannter hat. Wenn man aber nach „echten" Freunden fragt, werden die meisten wohl antworten, dass man diese an einer Hand abzählen könne. Und selbst diese sind nach meiner Anschauung häufig keine „echten" Freunde. Was macht aber eine Freundschaft zu einer „echten", zu einer wahren Freundschaft? Gegenstand der Überlegungen hier soll eben die Art von Freundschaft sein, die diesen Namen redlich verdient: die tiefe, zugeneigte Art der gegenseitigen Wertschätzung und Liebe. Ob diese auch so einfach von der Hand geht, weil sie mit den Belastungen anderer zwischenmenschlicher Beziehungen nicht einhergeht, scheint sehr zweifelhaft. Denn wann immer sich zwei Menschen als Freunde aufeinander einlassen, auch im Unbewussten, kann von Leichtigkeit keine Rede sein. Einen anderen Menschen als Freund zu lieben, ihn so zu lieben, wie er tatsächlich ist, und sich ihm so zu öffnen, dass auch er einen selbst und nicht ein Bild vom Freunde liebt, erfordert viel, und für manche zu viel. So mag denn auch bezweifelt werden, dass eine Vielzahl der Menschen, die sich einer Handvoll echter Freunde rühmen, auch tatsächlich über „echte" Freundschaften verfügen.

Was macht nun eine Freundschaft aus? Zunächst einmal würden wir als Freund denjenigen bezeichnen, für den wir Sympathie und Zuneigung empfinden, jemand, mit dem man gerne Zeit verbringt. Dies sind immer die Auslöser für die Entstehung einer Freundschaft und bleiben meist die Hauptantriebsfedern. Freuden zu teilen, aber auch in schwierigen Situationen füreinander da zu sein, zeichnet eine gefestigte Freundschaft aus. Ferner sind gemeinsame Grundanschauungen über das Leben und gemeinsame Interessen höchst förderlich und deshalb vielfach in Freundschaften zu finden. Die gemeinsamen Grundanschauungen mögen einem auf den ersten Blick nicht bewusst sein, sind aber doch Voraussetzung vieler Freundschaften und natürlich ein Ausfluss eines gemeinsamen sozialen Umfelds und einem ähnlichen Grad an Bildung. Zudem kommen Freundschaften vornehmlich zwischen Menschen etwa gleichen Alters vor. Denn jede Phase des Lebens ist mit bestimmten Anschauungen, Interessen und Sorgen verbunden, die Menschen anderer Lebensphasen nicht unmittelbar teilen können. Hierbei handelt es sich um recht allgemeine Kennzeichen, die die Freundschaft aber noch nicht wirklich von einer Bekanntschaft unterscheidet.

Jenseits dieser allgemeinen Attribute, die nicht zwingend sind, gibt es aber zwei prägende Elemente, ohne die eine Freundschaft meines Erachtens ihren Namen nicht verdient und die eine zwischenmenschliche Beziehung zu einer wahren Freundschaft machen.

Eine der Beiden ist die unbedingte Offenheit gegenüber dem anderen. Die Bedeutung der Offenheit für eine Freundschaft ist nicht hoch genug zu schätzen. Habe ich einen Freund, ist es einer der schönsten Vorzüge, dass ich ihm gegenüber nichts zu verschweigen brauche. Ich kann mich ihm völlig „öffnen". Für Geheimnisse und Verschwiegenheit ist in einer echten Freundschaft kein Platz. Denn habe ich einen anderen Menschen wirklich gerne, ja liebe ich ihn auf meine platonische Weise, und wird mir gar das gleiche entgegengebracht, mag es keinen Grund geben, sich in einem anderen Lichte darzustellen oder Dinge zu verschweigen. Freilich ist dies schon eines der Hindernisse, die viele Menschen niemals eine echte Freundschaft aufbauen lassen wird. Sie sind unsicher über sich selbst, fühlen sich tief im Inneren beschämt, wenn der andere dies oder jenes über einen wüsste. Es handelt sich dann um einen Mangel an Selbst-Bewusstsein im eigentlichen Sinne. Oder man hat es im Elternhaus gelernt, dass man gewisse Dinge nur im Familienkreise teilt oder gar gefälligst für sich behält. Mangel an Offenheit mag auch daran liegen, dass man einfach ein sehr introvertierter Mensch selbst gegenüber Nahestehenden ist. Ob dies an sich ein Anzeichen für ein gestörtes Verhältnis zur Umwelt und damit zu sich selbst ist, oder ein normaler, völlig gesunder Zustand, sei hier dahingestellt. Jedenfalls werden solch introvertierte Menschen eine Freundschaft im hier geäußerten Sinne schwerlich aufbauen können.

Aus Mangel an Offenheit wird nicht erzählt, dass man sich verliebt habe, es könnte ja eine unglückliche Liebe bleiben, dann steht man als Versager da. Es wird nicht davon berichtet, dass man im Job, bei einem Projekt oder mit seinem Unternehmen gescheitert ist. Man erzählt nicht von einer peinlichen Krankheit. Auch die eigenen finanziellen Verhältnisse bleiben ein Geheimnis, der andere könnte ja unschöne Schlüsse daraus ziehen. Wer so denkt, wird niemals zu Freundschaft fähig sein. Er wird Bekannte haben, vielleicht sogar viele, gute und recht enge, aber von echter Freundschaft kann dann keine Rede sein. Wenn du aber so weit zu deinen Schwächen, deinem Leben, zu dir stehst, dass du jedenfalls einem sehr begrenzten Personenkreis gegenüber ganz du selbst sein kannst, ist die erste Hürde zu wahrer Freundschaft schon genommen. Mit der Offenheit einhergehend ist sodann die „Kehrseite" der Offenheit des Freundes, die ja auch das eigene Verhalten betreffen kann: Wenn mein Freund offen zu mir reden kann, wird er mich, natürlich unter vier Augen und in nicht verletzender Art und Weise, auch auf Schwächen und Fehler hinweisen. Mangelt es nun an Kritikfähigkeit, ist dies ein Zeugnis, dass man mit Offenheit nicht in genügendem Maße umgehen kann. Ein wirklich offener und „selbst-bewusster" Mensch wird also immer auch Kritikfähigkeit in die Freundschaft einbringen. Weiter ist Offenheit dann sinnlos, wenn es an gegenseitiger Anteilnahme mangelt. Kommt nur von einer Seite das Interesse am Gemütsleben, am Schicksal, am Leben des Anderen teilzuhaben, wird die Beziehung nicht zu einer Freundschaft reifen können. Die ausgewogene Teilnahme am Leben des Freundes bedarf der Offenheit, um sie zu stillen, und stellt eines der zentralen Attribute einer Freundschaft dar. Ermöglicht Offenheit die Teilnahme, so folgt aus beiden ein weiteres Juwel einer Freundschaft, das Sicherheit und Rückhalt spendet und zugleich Lockerheit und Vergnügen ermöglicht: Vertrautheit. Diese bildet das Fundament für die Beziehungssicherheit, die einen ernst und verbindlich, aber auch leicht und ungezwungen miteinander umgehen lässt. Dies ist nicht widersprüchlich, denn Ernsthaftigkeit und Vergnügen stehen in einer Freundschaft in einem fruchtbaren Miteinander.

Es bleibt hier noch anzumerken, das mit Offenheit nicht gemeint sein soll, dass man seinem Freunde schlechterdings alles erzählen soll. Vielmehr gibt es natürlich, gerade im Rahmen der Beziehungen zur Familie und dem Partner, Themen und „Geheimnisse", die in diesen Beziehungen ihren Platz haben und dort bleiben sollen. So wie auch manches aus einer Freundschaft nicht in der Familie oder der Partnerschaft ausgebreitet werden sollte. Offenheit betrifft also in erster Linie Belange, die einen selbst ausmachen, was ein unermesslich weites Spektrum darstellt. Die Intimität Dritter sollte dadurch nicht beeinträchtigt werden.

Ist die Offenheit in dem beschriebenen Maße erst einmal erreicht, hat man so sehr zu sich gefunden, dass man sich dem Freunde ungeniert mitteilt, fordert sie einen auch nicht weiter, sondern erleichtert, sie stillt die gegenseitige Teilnahme und schafft Vertrautheit. Es kostet einen nicht Energie, Kraft und Aufmerksamkeit, hat man sich zu Offenheit erst einmal durchgerungen, erst recht wenn sie einem von Natur in den Schoß gelegt ist.

Ganz anders verhält es sich aber mit dem zweiten großen Attribut von Freundschaft: dem Respekt vor der Freiheit und der Andersartigkeit des Freundes. Ein chinesisches Sprichwort meint dazu: „Solange du dem anderen sein Anderssein nicht verzeihen kannst, bist du noch weit weg vom Weg der Weisheit." Genauso wichtig wie die Aufrichtigkeit im Umgang mit seinen Freunden ist das Maß an Freiheit, das man dem anderen zugestehen muss. Dies ist eine der größten Schwierigkeiten in allen zwischenmenschlichen Beziehungen und wird zeitlebens eine große Herausforderung für alle Menschen bleiben, die nicht nur nach oberflächlichen Beziehungen suchen. Es werden in jeder Freundschaft Momente kommen, in denen diese Fähigkeit auf eine große Probe gestellt werden wird. Wir dürfen nie den Fehler machen, zu vergessen, dass der Freund ein anderer Mensch mit anderen Erfahrungen und Veranlagungen ist, auch wenn wir uns manchmal sehr ähnlich sein mögen. Der Freund trägt andere Gene in sich, die ihn vielleicht manchmal anders entscheiden lassen, als man dies selbst tun würde. Und er hat ein anderes Elternhaus, eine andere Kindheit mit einer anderen Familie „hinter" sich. Allein die Prägungen aus der frühesten Kindheit sind von so einschneidender Bedeutung, dass sie einen unermesslichen Einfluss auf unser weiteres Leben haben. Aber auch alle weiteren Erfahrungen und Begegnungen in unserem Leben geben uns Prägungen und Verhaltensmuster mit, die unser Selbst entscheidend beeinflussen.

Wie in jeder anderen Beziehung auch dürfen wir deshalb unsere Erwartungen und Wünsche nicht auf den Anderen projizieren. Dies würde bedeuten, dass die Freundschaft nur dann bestehen bliebe, wenn der Andere sich so verhält, wie es sich aus unserer Sicht geziemt. Dabei wird vergessen, dass der andere Mensch eben „anders" ist als man selbst. Wenn der Freund einen Lebensweg geht, der den eigenen Erwartungen und Vorstellungen nicht immer entspricht, oder wenn sich der Freund nun plötzlich anders als bisher verhält, mehr Wert auf seine Arbeit oder seine Familie legt, einen Partner wählt, mit dem man selbst wenig anfangen kann, seine politischen Ansichten ändert oder einfach nur ein gemeinsames Interesse nicht mehr teilt, wird sich zeigen, ob die „Freundschaft" eine oberflächliche Zweckgemeinschaft war, oder ob man den anderen Menschen wirklich als Freund liebt. Und ihn als anderen Menschen akzeptiert und ihn so sein lässt, wie er ist. So wird man die Andersartigkeit des anderen letztlich als Bereicherung, nicht als störend empfinden. Denn wie das ganze Leben von steter Veränderung geprägt ist, ist auch eine Freundschaft in unaufhörlicher Bewegung. Die allzu menschliche Angewohnheit, jegliche Veränderung als Gefahr und nicht als Chance zu begreifen, lässt viele Bekanntschaften allzu leicht zerbrechen. Ein Freund aber wird nicht einfach fallengelassen, sondern die liebevolle Zuneigung bereitet den Willen, den Freund ständig neu kennen zu lernen. Manchmal wird man dennoch gezwungen sein, in eine anstrengende und aufreibende Auseinandersetzung mit dem anderen zu gehen, denn jede Veränderung muss nicht kritiklos hingenommen werden. In einer echten Freundschaft, die eine solche Auseinandersetzung mit dem anderen sogar erfordert, wird deshalb so manche Verstimmung, so mancher Streit nicht ausbleiben. Bildlich gesprochen meinten schon Aristoteles und Cicero, dass man viele Scheffel Salz miteinander essen muss, um jemanden einen echten Freund nennen zu können. Nach solchen Auseinandersetzungen kann bei liebenden Menschen nur gegenseitiges Verständnis stehen. Allerdings lässt sich manchmal nicht vermeiden, dass der Abstand zwischen Freunden für eine bestimmte Zeit auch einmal ein wenig größer wird. Dennoch wird die tiefe innere Verbundenheit und Liebe füreinander dazu führen, dass man sich innerlich stets sehr nahe stehen wird. Das Zitat von Mellin de Saint-Gelais drückt diesen Aspekt einer wahren Freundschaft sehr schön aus: „Eine Freundschaft, die beendet werden kann, hat eigentlich nie so recht begonnen."

Wenn man den angeblichen Freund nur als oberflächlichen „Spielgenossen" begriffen hat, wird man sein neues, anderes Verhalten nicht tolerieren, und ihn mit Beleidigungen, Unverständnis und schließlich Gleichgültigkeit strafen. Man wird sich dann einen anderen Spielgenossen suchen, der in diesem Moment den eigenen Erwartungen mehr entspricht. Es gibt Menschen, die gerade die Auseinandersetzung mit dem anderen und damit auch mit sich selbst nicht suchen, vielmehr ihr aus dem Weg gehen. Sie werden andere Spielgenossen finden. Eine echte Freundschaft werden sie nicht haben.

Mit dem Respekt vor der Freiheit und der Andersartigkeit des Freundes stellt sich automatisch ein weiteres wichtiges Merkmal in einer Freundschaft ein: die Ebenbürtigkeit. Nur wenn man sich auf Augenhöhe begegnet, entsteht eine freundschaftliche Harmonie zwischen zwei ebenbürtigen Partnern. Dies bedeutet nicht, dass man in jedem Gebiet und zu jeder Zeit gleiche Stärken einbringen muss. Vielmehr liegt die Qualität einer Freundschaft auch in einem Wechselspiel der Dominanzen und der damit einhergehenden Bereicherung. Auf die Gesamtheit der Persönlichkeiten bezogen begegnen sich Freunde jedoch immer auf respektvoller Augenhöhe.

Mit der „Andersartigkeit" des Freundes sind übrigens nicht etwa seine Fehler gemeint. Zwar gehört es in einer Freundschaft auch in einem gewissen Maße dazu, die Fehler des anderen als zu seinem Wesen zugehörig zu tolerieren. Dennoch sind es gerade Freunde, die einen auf Fehler aufmerksam machen sollten und einem helfen sollten, die eigenen Schwächen zu verringern und an sich zu arbeiten.

Eine Freundschaft, die aus gegenseitiger Sympathie, Offenheit und Respekt für die Andersartigkeit des Anderen besteht, ist für mich persönlich ein unbeschreiblich tiefer und nicht versiegender Quell von Menschlichkeit und Liebe. Für Cicero ist es gar das Beste, was den Menschen von den unsterblichen Göttern neben der Weisheit gegeben wurde, ohne das das Leben kein Leben sei, wenn man nur einigermaßen anständig leben wollte. Ohne meine Freunde wäre mein Leben jedenfalls um ein großes Stück ärmer. Dennoch gelingt es mir leider manchmal nicht, meinen Freunden all meine hehren Anforderungen an eine Freundschaft entgegen zu bringen. Glücklicherweise verzeihen sie mir dies meist. Neueste Glücksforschung kam übrigens zu der Erkenntnis, dass tiefe Freundschaften einen häufig unterschätzten Beitrag zu einem glücklichen Leben leisten. Kürzlich habe ich in der New York Times gelesen, dass Menschen, die gute Freunde haben, sogar eine höhere Lebenserwartung haben. Amerikanische Wissenschaftler haben dies in einer großen Studie herausgefunden. Die tiefe psychische Verbundenheit, die häufig leichter zu bestreiten ist, als die familiäre oder die partnerschaftliche, sorgt für psychische Festigkeit und Stärke, was sich letztlich auch in physischer Gesundheit und damit dem Lebensalter niederschlägt. Mit guten Freunden lebt man also länger! Ich möchte meine jedenfalls nicht missen, und wenn ich deshalb auch noch länger lebe, umso besser!

ÜBER KOMMUNIKATION

Was bezeichnet eigentlich Kommunikation? Es ist zwar einer der ganz gebräuchlichen Begriffe, die wir ständig benutzen und hören. Dennoch können wir dessen Inhalt kaum klar definieren und es fällt uns noch ungleich schwerer, Kommunikation im Alltag richtig „anzuwenden".

Die erste Unsicherheit, die über seine Definition, ist weitaus einfacher zu klären, wenn auch nicht mit einem abschließenden Urteil auf seine Richtigkeit. Das lateinische communicare bedeutet so viel wie „teilen, mitteilen, teilnehmen lassen; gemeinsam machen, vereinigen". Dieses ursprünglich nur eine Sozialhandlung umschreibende Wort erhielt mit der zunehmenden Technisierung eine weitere Bedeutung· die Beschreibung von Modellen bei der Signalübertragung von technischen Geräten. Vielfach wird heute mit Kommunikation allgemein der Austausch von Informationen gemeint.

Wenn wir nun also von dem weiten Begriff ausgehen, dem Austausch jeglicher Informationen zwischen Menschen, wird schnell deutlich, wie allgegenwärtig Kommunikation in unserer aller Leben ist. Insbesondere die technischen Errungenschaften der letzten 150 Jahre haben den Austausch von Informationen erheblich vereinfach und damit immens vermehrt.

Wenn wir einige hundert Jahre zurückblicken und das „Kommunikationsvolumen" eines normalen Handwerkers im Mittelalter betrachten, fällt die Veränderung zum heutigen Standard besonders deutlich auf. Seine Kommunikation beschränkte sich vornehmlich auf den engsten Personenkreis um ihn herum. Morgens Gespräche mit den Familienmitgliedern im eigenen Hause, später am Tag der Austausch mit zwei oder drei Kunden, vielleicht verbunden mit dem Ausstellen einer

Rechnung oder eines schriftlichen Auftrags. In Ausnahmefällen wird unser mittelalterlicher Durchschnittsmensch einen Brief geschrieben oder erhalten haben. An manchem Tag begab er sich womöglich auf den Markt oder mag eine Wirtschaft aufgesucht haben. Wenn er dies tat, konnte er sich mit Freunden oder Bekannten austauschen. Vielleicht bekam er dabei einige interessante Geschehnisse aus der nächsten Marktstadt berichtet oder er erfuhr sogar von einem bevorstehenden Krieg oder dem Ausbruch der Pest in einer bestimmten Region. Da der Buchdruck noch nicht erfunden war, wird er vor dem Schlafen gehen auch kein Buch gelesen haben, sondern den Abend in dem Wirtshaus oder im Kreis der Familie beendet haben. Er konnte sich also nur durch „direktes" Sprechen mit den tatsächlich anwesenden Menschen in seiner Umgebung und mittels eines rudimentär vorhandenen Postwesens austauschen. Von Vorkommnissen, die sich außerhalb eines Radius von vielleicht 50 Kilometern ereigneten, wird er in der Regel nur spärlich und gerüchteweise Informationen erhalten haben. Von politischen oder gesellschaftlichen Umwälzungen, die sich gar am anderen Ende der Erde ereigneten, hat unser Mann aus dem Mittelalter wahrscheinlich niemals etwas gehört.

Je weiter man in der Geschichte zurückblickt, desto geringer wird der Informationsaustausch eines Menschen im Durchschnitt gewesen sein. Zu Zeiten der Völkerwanderung, während der altertümlichen Hochkulturen oder gar in der Steinzeit verfügten die Menschen nur über sehr begrenzten Informationsaustausch hinsichtlich von Geschehnissen außerhalb ihrer Sippe oder ihres Stammes.

Heute werden wir täglich mit einer solchen Vielzahl an Informationen konfrontiert, dass es einen fast verwundert, wie der Mensch mit solch einer Menge überhaupt umgehen kann. Insbesondere wenn man es mit dem Maß an Kommunikation vergleicht, mit dem der Mensch über Jahrtausende gelebt hat. Am frühen Morgen werden wir von einem Radiowecker aus dem Bett „genachrichtet", wobei wir erfahren, dass sich in Japan ein Erdbeben mittlerer Stärke mit 292 Verletzten ereignete, in Dortmund ein Amokfahrer zwei Menschen überfahren und der Bundestag das neue Kraftfahrzeugsteuergesetz verabschiedet hat. Ach so, das Wetter von heute und morgen, und der Stau auf der A 9, Höhe Ausfahrt Pfaffenhofen nach einem Unfall. Mit dem ersten Song von U2 sind wir halbwegs wach. Zum Frühstück lesen wir die neueste Ausgabe der „Süddeutschen", nicht nur um die Informationen, die wir gestern schon erhalten haben, zu vertiefen, sondern um uns im Buchstabenwald ein wenig zu vergnügen. Auf dem Weg zur Arbeit hören wir Musik auf unserem iPod, letztlich auch eine Form von „Informationsaustausch". Am Arbeitsplatz checken wir erstmal unsere E-Mails, ein bisschen Spam, ein Freund lädt uns für Freitagabend zum Essen ein und wir öffnen eine unvermeidliche PowerPoint-Präsentation. Nun endlich das Internet, gerade sehen wir nach, ob es vielleicht ein paar Nachbeben in Japan gibt, als die erste SMS des Tages eingeht. Mama möchte wissen, ob wir nun heute Abend zum Essen kommen. Endlich klingelt das Telefon zum ersten Mal, wir sprechen mit einem Arbeitskollegen, der etwa 1200 Kilometer entfernt am gleichen Projekt wie wir arbeitet. Unser Chef betritt kurz den Raum, wir haben tatsächlich ein Gespräch mit einem leibhaftig anwesenden Menschen. Später nützen wir die Mittagspause, um mit dem Handy mit einem Freund abzusprechen, ob wir zu der Einladung des gemeinsamen Freundes gehen und um nebenbei den „Spiegel" durchzublättern. Wir erhalten noch einen Anruf auf das Handy, ehe wir am Arbeitsplatz endlich wieder E-Mails checken. Am Abend sehen wir uns die Nachrichten im „Zweiten" an, das Telefon klingelt, ein Buch wird vor dem Schlafengehen weitere 52 Seiten gelesen. Ach so, und dazwischen hat sich der durchschnittliche Deutsche doch glatt sieben Minuten mit seinem tatsächlich anwesenden Partner unterhalten. Wie es ihr heute ergangen ist, weiß er zwar nicht, aber eine Menge über Japan, sein Projekt, die Einladung, den nächsten Pokalschlager und das morgige Wetter.

Nun kommen wir mit dem ewig gestrigen Spruch „früher war alles besser" leider nicht nachweislich weiter, weil ich keine statistische Erhebung über die durchschnittliche tägliche Gesprächsdauer in einer mittelalterlichen Partnerschaft gefunden habe. Und zudem ist der Mangel an direkter Kommunikation mit seinen nächsten Mitmenschen sicher nicht nur der heutigen Menge an Information und damit Kommunikation geschuldet.

Was aber lernen wir aus diesem historischen Vergleich, was können wir daraus schließen? Zunächst einmal ist es reichlich offenbar, dazu bedarf es der vorigen Darstellungen nicht, dass sich das Leben des Menschen im Laufe der Geschichte erheblich gewandelt hat. Nicht nur im Bereich der Kommunikation, sondern nahezu in jedem Lebensbereich. Und doch sind zwei der wichtigsten Eckpfeiler für ein ausgeglichenes Leben von jeglichem technischen Fortschritt nahezu unangetastet geblieben: die Tiefe der Beziehung zu sich selbst und die zwischenmenschlichen Beziehungen zu den nächsten Personen. Egal ob im Mittelalter oder heute, die eigene Ausgeglichenheit, das Gefühl von Glücklichsein und Zufriedenheit und die Tiefe, Offenheit und das Vertrauen im Verhältnis zu seinen Nächsten hängt einzig und allein an der eigenen Bereitschaft und Fähigkeit hierzu ab. Allgegenwärtige Nachrichtenflut mag das Informationsniveau heben, die innere Ruhe und Ausgeglichenheit fördert sie nicht unbedingt. Ein Handy oder ein Flugzeug mögen einen schnelleren Kontakt ermöglichen, die Tiefe einer

Beziehung steigern sie sicher nicht. So fällt auf, dass wir zwar über erheblich mehr Möglichkeiten verfügen, überall auf der Welt mit jedem zu sprechen und sämtliche Informationen zu erhalten, die Kommunikation also quantitativ ungleich höher ist. Die Qualität, der Inhalt und der Nutzen der Kommunikation stehen aber auf einem völlig anderen Blatt. Zwar ist der moderne Mensch offensichtlich in der Lage, eine Vielzahl von Kommunikation so zu verarbeiten, dass sein Synapsensystem nicht kollabiert. Bleibt aber zu fragen, wie viel Kommunikation sinnvoll ist und inwieweit Kommunikation das Leben lebenswerter, weil reicher macht.

Zunächst muss man sich bewusst machen, dass viele Informationen, die über die modernen Kommunikationskanäle wie Internet, Fernsehen, Radio, aber auch die gute alte Zeitung zugänglich sind, für einen persönlich völlig ohne Nutzen sind. Wieso sollte man darüber informiert sein, dass in Peru eine Schlammlawine 58 Menschen in den Tod gerissen hat und dass die Regierung in Japan zur Stützung des Yen große Mengen an Dollars gekauft hat? Dahinter steckt zum einen die ungeheure Sensationslust des Menschen, andererseits die enorme wirtschaftliche und kulturelle Verflechtung in einer globalisierten Welt, die nicht nur aus wirtschaftlichen Gründen solche Informationen für bestimmte Personen wichtig erscheinen lässt. Zudem sind die Unternehmen, die mit solchen Informationen handeln, mittlerweile zu den größten und einflussreichsten Unternehmen weltweit zu zählen. Ihre Macht und ihre Umsatzzahlen können nur dann steigen, wenn sie uns so viele Informationen wie möglich über alle möglichen Kommunikationskanäle als so interessant wie möglich erscheinen lassen. Und um abzuschalten von unserem grauen Alltag, um unserer grenzenlosen Sensationsgier Genüge zu tun und um unseren Status als informierter Weltbürger zu wahren, konsumieren wir viele dieser Informationen völlig unreflektiert. Es mag für manch interessierten Menschen unerlässlich bleiben, über die wesentlichen Geschehnisse und Zusammenhänge in politischer und wirtschaftlicher Hinsicht informiert zu sein. Dabei sollte jeder einzelne aber hin und wieder hinterfragen, ob das tägliche Zeitung lesen, die Internetlektüre oder das Fernsehen einen solchen Mehrwert für unser Leben bringen, dass sie den hohen täglichen Zeitaufwand rechtfertigen. Vielfach ergeben wir uns weitgehend wehrlos in das mediale Überangebot.

Ein weiteres Feld der überbordenden Kommunikation sind E-Mails und die Teilnahme an Netzwerken wie Facebook. Hier findet eine stärker individualisierte Form der Kommunikation statt. Leider haben sich hier die „Massen-E-Mails" oder gar die Spams schon so weit eingebürgert, dass der sinnvolle Gebrauch dieser Kommunikationsformen erheblich belastet wird. Grundsätzlich ermöglichen E-Mails den schnellen und kostenfreien Informationsaustausch und haben gerade in der schnelllebigen Welt eine erhebliche Erleichterung gegenüber dem Postwesen erbracht. Sowohl im privaten wie auch im beruflichen Leben haben sich dadurch Vereinfachungen ergeben, die uns allen Zeit und Geld ersparen. Ferner kann man den Kontakt zu Urlaubsbekanntschaften, alten Arbeitskollegen oder Schulfreuden über egal welche Entfernungen hinaus aufrechterhalten. Doch bei den Zeit und Geld schonenden Attributen liegt auch schon wieder die Gefahr dieses Mediums: man wird häufig von so vielen Seiten, sei es beruflich oder privat, von E-Mails überschwemmt, dass es schwer fällt, die wesentlichen Nachrichten von den überflüssigen zu trennen. Und das kostet schon wieder Zeit, die wir doch eigentlich nicht haben oder lieber für wahre Kommunikation verwenden sollten. Denn was wollen wir mit dem dritten Weltreisenbericht unseres entfernten Schulfreundes? Oder mit der 18. „CC-Nachricht" des

Schriftverkehrs eines Kollegen mit dem gemeinsamen Chef? Oder mit den neuesten Angeboten unseres Lufthansa „Miles-and-More-Kontos"?

Netzwerke wie Facebook sind zum einen für manchen ein schöner Zeitvertreib, zum anderen lässt sich damit der eigene Freundes- und Bekanntenkreis gleich einem Aktionsplan verwalten und überblicken. Den Nutzen solcher weit verflochtener Bekanntenkreise muss jeder selbst für sich beurteilen. Die gläserne Zurschaustellung ihres gesamten Lebens, wie es einige Nutzer auf Facebook betreiben, ist meines Erachtens jedoch bedenklich, da es dabei häufig weniger um herzliche Offenheit, als mehr um öffentliches Prahlen geht.

Besonders betrachtenswert im Bereich der ausufernden Kommunikation sind aber die allgegenwärtigen Mobiltelefone. Sie haben unsere Kommunikationsmöglichkeit in einem unermesslichen Maße gesteigert, sie sind uns zu einem fast ständigen Begleiter geworden und haben uns sogar in einsamsten Regionen der Welt erreichbar gemacht.

Die Vorteile des Mobiltelefons liegen auf der Hand: man ist nicht mehr an einen Anschluss zuhause oder eine Telefonzelle gebunden, sondern kann von überall aus seine Kommunikationspartner sprechen und ist ebenso überall erreichbar. Mich überkommt manchmal noch ein ungläubiges Staunen, wenn ich neben mir jemanden in seinem Auto mit niemandem (außer seiner Freisprechanlage) sprechen sehe, und doch weiß, dass er vielleicht gerade mit einem Freund spricht, der auf dem Kilimandscharo in die afrikanische Steppe blickt. Genau hier liegt auch die große Gefahr dieses Mediums: Man ist nirgends mehr allein oder kann schwerlich nur mit den tatsächlich anwesenden Menschen zusammen sein. Vielmehr ist man beim gemütlichen Abendessen mit einem alten Freund, und im Laufe des Abends hat er mit seiner Freundin, seinem Chef und einem Kollegen, ich mit meiner Mutter, meinem Patenkind und dem E-Plus-Service gesprochen. Dazwischen wurden sogar einige Worte mit dem tatsächlich anwesenden Freund gewechselt. Besonders interessant ist es auch, wenn man auf einer schönen Bergtour ist, und der Hintermann gerade einen Anruf seiner Frau bekommt und er den nächsten Sommerurlaub bespricht, oder wenn man auf Island an einem eigentlich einsamen Wasserfall ist und man einen Anruf seiner Steuerberaterin erhält. Solche Beispiele zeigen die Absurdität der ständigen Erreichbarkeit. Dabei ist es häufig nicht so einfach oder erfordert zumindest ein entschlossenes Vorgehen, sein Mobiltelefon auszuschalten. Denn heute sind wir schon so weit, dass die ständige Erreichbarkeit dazu geführt hat, dass ständige Erreichbarkeit keine Option mehr ist, sondern schlechterdings erwartet wird. Von der Familie, von Geschäftspartnern, von Arbeitskollegen, von Freunden und nicht zuletzt vom eigenen Partner. Man mag fragen, was denn so schlimm sei an der ständigen Erreichbarkeit, man kann ja auch einfach nicht abnehmen. Meines Erachtens bewirkt aber allein die bloße Tatsache, dass man erreichbar ist und immer auch jeden erreichen kann, einen bedeutenden Verlust an Gegenwärtigkeit. Nicht in bewusster Hinsicht, aber im Unterbewusstsein wird der Mensch dadurch zu ständiger Bereitschaft programmiert, die unwiederbringlich ein Stück Ruhe raubt. Bin ich in der Stadt beim Einkaufen, bin ich beim Spazierengehen in der Natur oder gar im Urlaub am Strand, und jederzeit kann mich mein Freund über seine Geburtstagseinladung nächste Woche, meine Mutter über die Grippe meines Vaters und meine Partnerin über ihren Arbeitstag informieren. Dies beschert mir im Zweifel Informationen, die ich in diesem Moment nicht brauche und die mir die Gegenwärtigkeit des Moments, dort wo ich wahrlich bin, rauben. Sehr anschaulich lässt sich dies bei Urlaubsreisen aufzeigen: bin ich mit einem Freund auf Reisen, hat man vor dem Zeitalter der Mobiltelefone vielleicht einmal nach der guten Ankunft und womöglich vor der Rückkehr bei den Eltern oder dem Partner angerufen und kurz Bericht über das Wohlergehen erstattet. Heute ermöglicht das Mobiltelefon, dass man während des Urlaubs nicht nur selbst ständig erzählen muss, wo man ist, sondern sich auch noch anhören muss, dass der Partner gerade ein gutes Steak zu Mittag gegessen hat und jetzt gleich zum Arzt geht. Natürlich wird man gleich erfahren, wie es beim Arzt war, außerdem bekommt man per SMS noch schnell eine Einladung zum Fußballschauen heute Abend von einem Freund, obwohl man doch eigentlich gerade in den Weinbergen der Toskana spazieren geht…

Natürlich ist diese Darstellung überspitzt, aber jeder hat ähnliche Situationen schon erlebt. Mobiltelefone ermöglichen heutzutage Anrufe und eine Erreichbarkeit, die von den jeweiligen Anrufern oder Angerufenen deshalb auch erwartet werden. Hier liegt es am Umgang jedes einzelnen mit seinem Mobiltelefon und mit den Menschen, die Anrufe oder Erreichbarkeit erwarten, sich wieder mehr Gegenwärtigkeit und Freiheit von zu allgegenwärtiger Kommunikation zu verschaffen. Dabei soll klargestellt sein, dass der bedachte und sinnvolle Einsatz von Mobiltelefonen vieles ermöglicht und erleichtert. Zudem bin ich mir sicher, dass vielen der Verlust an Gegenwärtigkeit und Ruhe durch das Mobiltelefon nicht auffällt und sie deshalb auch nicht stört. Ob dies als notwendiges Übel einer schnelllebigen, kommunikationswütigen Welt hingenommen werden muss, oder sich doch jeder dies einmal deutlich vor Augen führen sollte, soll hier dahingestellt bleiben.

Überdies bleibt anzumerken, dass durch die Mobiltelefone auch eine völlig neue Form der Stakkatokommunikation geschaffen wurde, die den längst verloren geglaubten Telegrammstil wieder aufleben ließ: die SMS. Das Mobiltelefon selbst wird heute weiter zum Internetsurfen, als Terminkalender oder als Fotokamera benutzt, „daneben" ist es sogar immer noch ein Telefon.

Wir haben in dieser kurzen, höchst unvollständigen Betrachtung gesehen, dass und wie sich das Kommunikationsvolumen eines westlichen Menschen in den letzten Jahrhunderten verändert hat. Moderne Technik, davon profitierende Kommunikations- und Informationsunternehmen und die unbändige Neugier, aber auch das natürliche Sozialverhalten des Menschen stecken dahinter. Die Menge an Kommunikationsmedien ist derart hoch und konfrontiert uns so enorm jeden Tag mit einer Vielzahl von Kommunikation, dass der Umgang damit alles andere als ein Kinderspiel ist. In viele Bereiche des Lebens werden wir mit Bedacht und Sorgfalt eingewiesen: Unsere Erziehung versucht uns mit den Grundgepflogenheiten der Gesellschaft vertraut zu machen, in der Schule lernen wir Geschichte, Sprachen und Kultur, später studieren wir über Jahre die Ausübung eines Berufs und gehen mit viel Geduld und hohem Zeitaufwand unseren Hobbys nach. Aber niemand schult uns im sinnvollen und menschlichen Gebrauch von Kommunikation, niemand macht sich ernsthafte Gedanken darüber. Eine Forderung hiernach würde sicher von vielen belächelt. Jedoch verdienen es die unendliche Gegenwärtigkeit der verschiedensten Kommunikationsformen und deren schneller Wandel jedenfalls, dass wir dem Umgang mit ihnen etwas mehr Bedacht und Sorgfalt entgegen bringen.

Besonders wichtig in Anbetracht der ausufernden Kommunikationsflut in unserer Gesellschaft erscheint mir aber der Hinweis darauf, die ursprünglichste aller Kommunikationsformen des Menschen darüber nicht zu vernachlässigen: das offene, herzliche und tiefe Gespräche mit unseren Mitmenschen.

Die Schnelllebigkeit der Zeit, die ständige Ablenkung durch irgendwelche Medien birgt die enorme Gefahr, dass die Menschen vor lauter SMS schreiben, Nachrichten hören, E-mails checken und während des Einkaufs telefonieren vor allem eines nicht mehr können: miteinander reden und sich gegenseitig wahrlich zu zuhören. Dies sind aber immer noch, und werden es immer bleiben, die wichtigsten und schönsten Pfeiler jeglicher zwischenmenschlichen Kommunikation. Zwar wissen wir nicht, wie viele Minuten ein Ehepaar im Mittelalter miteinander geredet hat, wie wir bereits festgestellt haben. Jedoch mussten sie sich jedenfalls nicht täglich durch einen teilweise ermüdenden Kommunikationsdschungel kämpfen. Heute ist „wahre" Kommunikation nicht einfacher geworden, trotz aller technischen Hilfsmittel. Und es steht zu befürchten, dass viele der neuen Kommunikationsmittel ein Gespräch unter vier Augen oftmals sogar „unterbinden". Wir sollten deshalb darauf achten, dass wir guten Freunden nicht nur ein Telefonat während des Einkaufens oder während des Autofahrens schenken, um kurz zu erfahren, wie es ihnen geht. Dass wir unseren Eltern nicht nur kurz in einer E-Mail mit ein paar angehängten Fotos von den letzten Geschehnissen berichten. Dass wir mit unserem Partner vor lauter Fernsehen, Telefongeklingel und E-Mail-Gewitter zwischen Arbeit und dem Schlafen nicht nur routinemäßig kommunizieren. Vielmehr sollten wir versuchen, mit den Liebsten in unserer Umgebung wirklich zu reden. Mobiltelefon und Fernseher aus, Süddeutsche zur Seite gelegt, Outlook abgestellt und endlich zuhören und miteinander reden. Über das Leben, über unsere Wünsche und Ängste. Und dabei versuchen, den anderen Menschen wirklich zu sehen. Oder mit Freunden an einem Tisch sitzen, nicht im Chatroom, die Handys aus, und endlich mal wieder diskutieren. Und wenn es über die ständige Kommunikation ist!

ÜBER DEIN LEBEN

Du führst ein normales Leben. Alles läuft ziemlich gut. Du bist verheiratet. Du arbeitest von Montag bis Freitag, deine Arbeitszeiten sind relativ regelmäßig, du bist recht erfolgreich in deinem Job. Eigentlich ist es dir egal, ob dein Chef dich gut findet und du befördert wirst, weil du versucht hast zu durchschauen, dass du dich nicht über deine Arbeit definierst. Aber du freust dich natürlich unbändig, wenn dein Chef dich in sein Büro bittet und du mit doch recht stolz geschwellter Brust wieder raus gehst. Du triffst dich hin und wieder mit deinen Eltern und deinen Geschwistern, die du sehr liebst, aber eigentlich nicht wirklich kennst. Aber das weißt du ja nicht mal, weshalb es dir nichts ausmacht. Ihr sprecht dann über euren letzten Urlaub, manchmal überlegt ihr, wie man diese 3.000 € am besten momentan anlegen kann, deine Mutter erzählt dir, dass der Karl Obenrieder Nierenkrebs hat, was sie alle in ihrem Freundeskreis sehr schockiert, und vom letzten Theaterstück, das sie gesehen hat, und sie sagt dir in einem unentdeckten Moment, dass sie sich Sorgen um Papa macht, aber vielleicht wird er einfach nur alt. Du hast deine Eltern bisher im Leben noch nie enttäuscht, und darüber bist du sehr glücklich.

Und klar, du machst Sport, gehst ins Fitnessstudio, zweimal die Woche. Eigentlich, manchmal schaffst du es nicht, weil du aus der Arbeit nicht raus gekommen bist oder du mit deiner Frau in die Stadt musstest, um ein Geburtstagsgeschenk für deine Schwiegermutter zu kaufen. Du spielst Golf, was dir großen Spaß macht, aber leider nur gelegentlich, da du selbst meist zu träge bist, einen Partner zu organisieren, denn alleine ist es echt langweilig. Natürlich triffst du dich mit deinen Freunden. Eigentlich ist dafür immer der Samstagabend reserviert, wenn du da nicht auf einer Hochzeit bist oder ein Essen mit deinen Eltern geplant wurde, natürlich kommen die Partner deiner Freunde auch mit. Man unterhält sich dann über den letzten Urlaub, wie viel Speicherplatz der neue iPod hat und ist schockiert, dass der Reiner, der Ex von der Gabi, einen schweren Autounfall hatte. Einmal im Monat schaffst du es, dich abends auf ein Bier mit einem alten Freund zu treffen. Ihr habt das ganz spontan vor drei Wochen ausgemacht, und du bist froh, dass das endlich mal wieder klappt. Ihr unterhaltet euch dann über euren Job, es ist ja so interessant was der andere macht, gerade wo ihr doch beide bei einem so interessanten Unternehmen beschäftigt seid. Euch fällt auf, dass man eigentlich von Andi schon lange nichts mehr gehört hat. Du willst aber nicht zu viele Biere trinken und auch nicht zu lange in dieser Kneipe sitzen, weil du ja morgen wieder arbeiten musst.

Manchmal fährst du in den Urlaub, dann begibst du dich in ein Resort an der Türkischen Riviera, weil du wirklich einfach mal nur ausspannen willst, oder du machst was Besonderes und fährst nach Mexiko, natürlich alles schon von Deutschland aus gebucht, das Melia Palace in Tulum muss echt ein tolles Hotel sein. Du hast es in dem Guide „HIP-Hotels" entdeckt und dich riesig gefreut, dass du einen echt guten „Off-Season-Deal" bekommen hast.

Oft schläfst du vor deinem Fernseher ein, meist bei den Tagesthemen. Du bist politisch sehr interessiert, denn du liest mehr oder weniger regelmäßig die „Süddeutsche". Du überlegst schon lange, dir ein neues Auto zu kaufen, aber willst doch eigentlich noch warten, bis ihr vielleicht mal mehr werdet. Dann hättest du es dir irgendwie verdient, findest du, und dann wäre endlich so ein feiner A 6 Avant fällig. Leider hast Du in letzter Zeit immer öfter Probleme mit deinem linken Ellenbogen, du warst deswegen schon zweimal beim besten Arzt der Stadt, aber dessen Spritzen helfen leider auch nicht. Du denkst trotzdem nicht, dass du alt wirst. Du liest eigentlich recht gerne, kommst aber leider so selten dazu. Auf deinem Nachttisch liegt seit acht Monaten ein interessantes Buch über die Auswirkungen der Bankenkrise, deine Mutter hatte es dir doch zu Weihnachten geschenkt, aber über die ersten Seiten bist du bisher nie hinausgekommen. Die hast du allerdings sicher schon einige Male gelesen, um dann ein paar Wochen später wieder von vorne anzufangen. Einen Roman hast du schon seit der Schule nicht mehr gelesen, so was Künstliches ist nichts für dich.

Mit deiner Frau unterhältst du dich sehr gerne. Sie kocht gut, und sie ist sehr lieb zu dir, meistens jedenfalls. Deshalb schenkst du ihr immer mal wieder auch Blumen, na ja, hin und wieder jedenfalls. Eigentlich zu selten, aber der Wille zählst doch, oder? Wirklich kennst du auch deine Frau nicht, aber zum einen weißt du auch das nicht mal, und zum anderen seid ihr doch glücklich so. Und deinen Erwartungen entspricht sie allemal, was soll man da schon tiefer graben?

Du träumst schon lange davon, dir eine Panerai-Uhr zu kaufen, und du findest, bei deiner nächsten Beförderung sollte es soweit sein. Dann wirst du auch anfangen, dir deine Hemden maßschneidern zu lassen, Manschettenknöpfe zu tragen, und die Krawatte wirst du immer öfter auch bei privaten Treffen „dranlassen".

Du gehst gerne ins Theater oder in die Oper. Manchmal findest Du die Aufführungen zu modern, denn du magst es lieber klassisch. So ein schönes Stück von Shakespeare oder Goethe, meistens werden die mit diesem modernen Mist, entschuldige, doch nur verschandelt. Auch in Museen gehst du gerne, aber leider viel zu selten, in deiner Stadt eigentlich nie. Wenn du aber auf Reisen bist, gehst du mindestens in eines der bedeutenden Museen dort, das ist ja wohl das mindeste. Weil du schon viel gereist bist, kennst du die bedeutendsten Museen der Welt und findest nicht nur deshalb, dass du ganz schön gebildet bist.

In deiner Studentenzeit hast du es ganz schön krachen lassen. Junggeselle zu sein hat dir ganz schön Spaß gemacht. Aber du findest, alles zu seiner Zeit. Damals hast du in einer WG gelebt, ganz schön turbulent, du warst eben jung. Allein warst du eigentlich nie gerne, aber auch das hast du schon erlebt: Dein Arbeitgeber hat dich einmal für ein halbes Jahr zum Arbeiten nach Rom geschickt, da warst du allein. Allerdings hast du echt viel gearbeitet damals, und wenn du abends mal nicht mit echt netten Kollegen auf einen Drink gewesen bist, hast du halt in deinem Appartement ferngesehen oder telefoniert. Das mit dem sich mit sich selber auseinandersetzen hast du also auch schon gehabt.

Dein Leben ist momentan zum Glück echt geordnet und du hast es ziemlich gut im Griff. Nur manchmal musst du kurz denken, ob das eigentlich schon alles war, aber dann findest du recht schnell, meistens jedenfalls, dass diese Gedanken ganz schöner Unsinn sind. Einer deiner ehemaligen Mitschüler hat nach seiner Ausbildung hier alles zurückgelassen und betreibt nun ein kleines Kitesurf-Resort auf einer indonesischen Insel. Er schreibt alle paar Monate eine Rundmail an echt viele Leute, wie gut es ihm gehe und wie frei er sich fühlt, aber dass er München auch vermisst. Über Familie und Karriere scheint der sich echt gar keine Gedanken zu machen, komisch ist das. Du weißt manchmal nicht, ob du ihn bewundern oder über ihn einfach nur den Kopf schütteln sollst. Letztlich schüttelst du meistens den Kopf, das ist einfacher. Ein anderer Freund hat sich vor einiger Zeit selbstständig gemacht und ist damit ganz schön auf die Nase gefallen. Selbst du hast irgendwo in deinem Kopf einige große Träume: So würdest du gerne eine gemeinnützige Gesellschaft gründen, oder ein anderer großer Traum wäre es auch für dich, dich selbstständig zu machen. Endlich würdest du nur für dich arbeiten, und es wäre, glaubst du, ein echt gutes Gefühl, anderen Menschen zu helfen, auch indem man ihnen Arbeit gibt. Man muss ja nicht gleich in einem Waisenhaus in Lahore arbeiten, wie das eine Bekannte deiner Frau seit zwei Jahren macht, um etwas Sinnvolles zu tun, oder? Du findest, wenn man gut verdient und dabei echt verdammt viele Steuern zahlt, tut man doch schon wirklich genug Gutes für die Gesellschaft. Letztlich bist du ein Mensch, der seine Träume immer nur träumen wird, dafür aber immer einen vernünftigen Grund findet.

Du bist katholisch, gehst aber eigentlich nur zu Hochzeiten oder Beerdigungen in die Kirche. Ach so, und natürlich an Weihnachten. An Gott glaubst du eigentlich nicht wirklich, aber du findest einige der Zeremonien ganz schön, also plapperst du das Glaubensbekenntnis halt nach, wenn du schon mal in der Kirche bist. Letztlich ist es dir ziemlich unwichtig, und außerdem glaubst du an die christliche Grundhaltung, das ist dir Grund genug, um vor dem Altar zu heiraten und nicht aus der Kirche auszutreten.

Nicht dass dir langweilig werden würde, oh nein, denn dein Leben ist ja so schön und toll, aber eigentlich sind Kinder jetzt die einzige Möglichkeit, um ein bisschen Neues in dein Leben zu bringen. Anderenfalls wird die Arbeit, deine so liebe Frau und der ganze tolle Rest deines mittlerweile so unspannenden Lebens so träge, dass selbst du ins Grübeln kommen könntest, und das gilt es ja wirklich tunlichst zu vermeiden. Deshalb wirst du es mit deiner Frau wohl wie alle guten meinlebenist-soschönlangweiligichhalteesnichtmehraus-aberichbinjawenigs-tensnichtallein Paare machen und bald Kinder bekommen. Das Lächeln deines Sohnes und die Schreie in der Nacht werden dich davon ablenken, dass du weiterlebst.

Du wirst in dem Unternehmen, in dem du schon lange eine so tolle Karriere machst, eine ganz tolle Karriere machen und vielleicht irgendwann sogar mal Abteilungsleiter werden. Du wirst sehr viel arbeiten und deine Kinder deshalb leider nicht wirklich viel sehen. Jedenfalls wirst du ihnen, wenn du nach Hause kommst, immer einen Kuss geben, auch wenn sie schon schlafen.

Irgendwann wirst du dann auf dein Leben zurückblicken und, wenn du das wirklich alles verinnerlicht hast, sehr glücklich sein. Na ja, glücklich jedenfalls. Ziemlich sogar. Eigentlich. Vielleicht.

Eine sehr kurze Anmerkung
ÜBER DEN SINN DES LEBENS

Die Frage nach dem Sinn des Lebens stellt sich früher oder später wohl jedem Menschen. Es handelt sich bei ihr um eine der existentiellsten Fragen unseres Daseins: Warum sind wir überhaupt hier? Folgt mein Leben eigentlich einem Sinn? Ganz am Ende meiner Gedanken in diesem Heftchen möchte ich unter ausdrücklicher Bezugnahme auf meine vorher dargelegten Positionen hierzu kurz Stellung nehmen. Ohne die Gedanken meiner anderen „Positionen", insbesondere „Über Selbstfindung", „Über Religion" und „Über Freiheit" könnten diese kurzen Ausführungen hier missverständlich ausgelegt werden.

Viele Menschen definieren den Sinn des Lebens sehr individuell. Sie richten ihren Sinn nach ihren Wünschen und noch öfter an den „Errungenschaften" ihres Lebens aus. So hört man bisweilen, dass die Leitung eines Unternehmens, die berufliche Tätigkeit oder die Kinder dem eigenen Leben einen Sinn verleihen. Dies mag für manchen befriedigend sein, muss sich aber sicher den Vorwurf gefallen lassen, dass es eine etwas egoistische und auf sich selbst zugeschnittene Sichtweise ist. Denn niemand, der seinen Sinn des Lebens in seinen Kindern sieht, würde wohl so weit gehen, jemandem anderen, der keine Kinder hat, ein sinnloses Leben zu unterstellen. Ich will also diese individuelle Sichtweise verlassen, da ich sie für die Suche nach dem Sinn des menschlichen Lebens für wenig hilfreich erachte, sondern eher als selbstgerechte Überlebenshilfe betrachte.

Viele religiöse Menschen sehen den Sinn des Lebens in einem Leben mit und beschützt von Gott. Sie begeben sich in den Schoß der transzendenten Kraft und begegnen der Schwierigkeit der Sinnsuche mit dem Glauben an einen sinnstiftenden, alles in den Händen haltenden Gott. Wer solch ein Gottvertrauen hegen kann, den beneide ich beinahe. Allein ich kann insbesondere in Ansehung des großen Leids auf dieser Welt einen Sinn im Vertrauen auf diesen einen Gott nicht sehen.

Nun ist es aber mitnichten so, dass ich deshalb in eine nihilistische Sinnlosigkeit des Lebens gezwungen bin. Vielmehr zeigt mir gerade meine deterministisch angelehnte Weltsicht einen Sinn unseres Daseins auf. Für mich liegt der Sinn des Lebens darin, seinen eigenen Weg zu finden und diesem Weg aufrichtig und entschlossen zu folgen. Die Kräfte der Natur haben eine Welt geschaffen, in der alles genau seinen einen Platz hat. Jeder Mensch ist aufgrund der für uns undurchschaubaren Kräfte der Natur auf dieser Erde. Die Ordnung der Natur hat uns nicht aus einem zufälligen Impuls, sondern aus einer gesetzmäßigen Notwendigkeit heraus geschaffen. Wir verleihen unserem Leben dann Sinn, wenn wir die uns zugedachte Rolle, unser Selbst, annehmen. Dies mag sich einfach anhören, wird aber zeitlebens eine der größten Herausforderungen unseres Lebens bleiben.

Bibliographie

Falls jemand zu einem der Themen mehr wissen oder andere Meinungen hören möchte, gebe ich hier eine Auswahl der meiner Ansicht nach lesenswertesten Bücher zu den einzelnen Themen an.

Über Selbstfindung

Wer mehr über seinen Körper und dessen Funktionsweise erfahren möchte, dem empfehle ich „KörperWissen" von Marion Grillparzer. In verständlicher und anschaulicher Weise wird der menschliche Körper nach dem heutigen Stand der Wissenschaft „erklärt". Hinsichtlich der menschlichen Gene vermittelt das Heft GEO kompakt Nr. 7: „Der Mensch und seine Gene" eine bereichernde Einführung. Von Unternehmen wie „Knome" kann man übrigens schon heute eine Sequenzierung des gesamten Genoms erhalten! Zum Fachbereich der Epigenetik empfehle ich als Einführung den Artikel „Epigenetik: der Übercode" aus Geo 04/07. Zur weiteren Lektüre ist umfassend, nicht einfach, aber unheimlich interessant: „Epigenetik: Wie Erfahrungen vererbt werden" von Bernhard Kegel. Einige interessante Artikel u.a. über die „Macht der Familie" bietet das Heft GEO Wissen Nr. 43 mit dem Titel „Lebenslauf-Forschung".

Büchern, die sich als Lebensratgeber ausgeben, begegne ich immer mit Skepsis, weil diese meist voll von platten Pauschalierungen sind. Eine sehr schöne und liebevolle Botschaft vermittelt aber „Jetzt: die Kraft der Gegenwart" von Eckart Tolle. Kurz und knapp, voller Lebensweisheit und ohne heilige Instanz schreibt der indische „Guru" Jiddhu Krishnamurti mit „Einbruch in die Freiheit" ein wunderbares Buch. Seine Lehre verführt nicht zu mystischem Tun auf geheiligten Altarstufen - er lehrt, das eigene Leben und die Umwelt täglich als etwas Neues, Unbekanntes zu erleben und so sich neuen Dimensionen der Schönheit und Fülle zu offenbaren und neben der Welt insbesondere sich selbst kennen zu lernen. Viel tiefgründiger als der Titel, fast schon philosophisch ist das Werk „Mit sich selbst befreundet sein" von Wilhelm Schmid. Natürlich kommt man bei der Aufgabe der Liebe zu sich selbst um „Die Kunst des Liebens" von Erich Fromm kaum herum. Natürlich beschäftigen sich auch viele Romane mit dem Thema der Identitätssuche. Der faszinierendste für mich ist „Stiller" von Max Frisch.

Wer mehr über die psychotherapeutisch voll anerkannten Formen der Familientherapie lernen möchte, dem empfehle ich als knappe Einführung „Paar- und Familientherapie" von Michael Wirsching, für eine vertiefte Auseinandersetzung mit Familientherapie scheint das Buch „Mehrgenerationenfamilie und neuropsychische Schemata: Therapeutische Wirkfaktoren und Wirkdimension" von Peter Kaiser sehr geeignet, das ich aber selbst nicht gelesen, sondern nur überflogen habe. Eine gute Einführung in den familientherapeutischen Ansatz von Bert Hellinger bieten die aufgezeichneten Gespräche „Anerkennen was ist: Gespräche über Verstrickung und Lösung" von Bert Hellinger und Gabriele ten Hövel.

Über Freiheit

Das Thema des freien Willens beschäftigt die Menschheit seit Jahrtausenden. Einen guten Überblick über die bedeutendsten philosophischen Ansichten vermittelt: „Hat der Mensch eine freien Willen? - Die Antworten der großen Philosophen", Heiden, Schneider (Hrsg.). Darauf aufbauend kann jeder tiefer in einzelne Gedankenkonstrukte großer Philosophen eindringen. Eine gut verständliche Sammlung einiger Aufsätze zu den neuesten neurobiologischen Erkenntnissen gibt „Hirnforschung und Willensfreiheit – Zur Deutung der neuesten Experimente", Geyer (Hrsg.), Suhrkamp. Darin enthalten ist die beeindruckende Abhandlung: „Verschaltungen legen uns fest: Wir sollten aufhören, von Freiheit zu sprechen", S. 30ff, von Wolf Singer. Interessant zur Verortung der Seele in einer naturwissenschaftlich geprägten Welt: „Das Leib-Seele-Problem: Eine Einführung in die Philosophie des Geistes", Ansgar Beckermann, das jedoch sehr theoretisch-wissenschaftlich gehalten ist. Beckermann hat ebenfalls eine sehr hilfreiche Website veröffentlicht, die umfassend, aber doch verständlich in das Thema der Willensfreiheit einführt: http://www. philosophieverstaendlich.de/freiheit. Der Text mit dem Titel „Willensfreiheit und die Autonomie der Kulturwissenschaft" von Dirk Hartmann setzt sich sehr kritisch mit den Libet-Experimenten und dem Kausalprinzip als Grundlage des Determinismus auseinander und findet sich unter: http://www.jp.philo. at/texte/HartmannD1.pdf. Die Website http://www.jp.philo.at/ bietet unter dem Stichwort „psychologische Philosophie" viele wissenschaftlich anspruchsvolle Beiträge. Gelungene philosophisch literarische Abhandlungen sind: „Wie frei sind wir?", Ted Honderich, und „Das Handwerk der Freiheit", Peter Bieri. Bieri veröffentlicht unter dem Pseudonym Pascal Mercier auch Romane, darunter den sehr empfehlenswerten Roman „Nachtzug nach Lissabon".

Über Religion

Wenn ich mich mit Religionen beschäftige, muss ich mich unvermeidlicherweise zunächst an die Primärliteratur halten. Jeder Christ sollte (das wird das einzige Mal bleiben, dass ich das Lesen eines Buches fordere) die Bibel gelesen haben. Dies muss nicht von der ersten bis zur letzten Seite sein, sollte aber jedenfalls mehr als nur ein gelegentliches Nachlesen von „berühmten" Stellen sein.

Als Sekundärliteratur zur Bibel empfehle ich: „Das Neue Testament" von Gerhard Theissen und „Das Alte Testament" von Christoph Levin. Sie vermitteln Interessantes zur Entstehungsgeschichte. „Die Bibel" von Hubertus Halbfass liefert in anschaulicher Weise die Bibel mit dazugehörigem Kommentar. Als sehr kritischen und aufgeklärten Theologen habe ich Hans Küng erfahren. Seine Kritik an der Kirche ist treffend, dennoch konnte mich sein Glaube nicht überzeugen, auch wenn er sich alle Mühe gibt, moderne Naturwissenschaft und Glauben zu vereinen. Aus seinem umfangreichen Werkverzeichnis empfehle ich „Credo" als direkte Auseinandersetzung mit dem apostolischen Glaubensbekenntnis, „Was ich glaube" als leicht verständliche Zusammenfassung seiner Welt- und Glaubenssicht und „Existiert Gott" als tief theologisch-philosophische Auseinandersetzung auch mit einigen Gottesleugnern wie Nietzsche oder Feuerbach auf fast 800 Seiten. Im Anschluss kann man sich mit der Kritik an der Lehre von Küng befassen: „Das Elende der Theologie – Kritische Auseinandersetzung mit Hans Küng" von Hans Albert. Hier werden theologische Schwächen schonungslos aufgedeckt. Vom gleichen Autor stammt eine kritische Auseinandersetzung mit Schriften von Joseph Ratzinger: „Joseph Ratzingers Rettung des Christentums".

Unbedingt lesen sollte man diese kritischen Auseinandersetzungen mit dem Christentum: „Wir brauchen keinen Gott. Warum man jetzt Atheist sein muss" von Michel Onfray und „Denn sie wissen nicht, was sie glauben: Oder warum man redlicherweise nicht mehr Christ sein kann" von Franz Buggle. Auch wenn manches leicht polemisch ausfällt, sind diese Bücher doch sehr lehrreich. Als besonders mutiger, wortgewaltiger Gottesleugner ist Nietzsche zu nennen, seine Werke insgesamt sind natürlich sehr lesenswert und beeindruckend, insbesondere zu diesem Thema „Der Antichrist".

Eine gute Einführung zur Beschäftigung mit den Weltreligionen stellt das Werk „Die fünf Weltreligionen" von Helmuth von Glasenapp dar. Überdies scheint es mir interessant, folgende Primärquellen etwas näher zu betrachten: Den „Koran" sollte man jedenfalls auszugsweise lesen. Eines der weisesten Bücher überhaupt ist für mich die „Bhagavat Gita", die im Reclam Verlag billig und handlich, im Verlag der Weltreligionen mit dem Untertitel „Der Gesang des Erhabenen" sehr gut kommentiert erhältlich ist. Die „Reden des Buddha" sind zum Verständnis des Buddhismus unerlässlich und in verschiedenen Ausgaben erhältlich, ich empfehle die gut kommentierte Ausgabe aus dem Verlag der Weltreligionen (fast alle Bücher dieses aus dem Suhrkamp und Insel Verlag hervorgegangenen Verlages der Weltreligionen erscheinen lesenswert und interessant). Zum besseren Verständnis des „chinesischen Universums" sollte man „Gespräche" von Konfuzius und das „Tao Te King" von Laotse lesen.

Hinsichtlich weiterführender und erklärender Sekundärliteratur empfehle ich für die indische Welt „Der Hinduismus" von Axel Michaels, zur Erfassung des Chinesischen Universums „Geschichte der chinesischen Philosophie: Konfuzianismus, Daoismus, Buddhismus" von Wolfgang Bauer, für den Glauben an Mohammed „Der Islam: Eine Einführung" von Annemarie Schimmel.

Über Subjektivität

Subjektivität hat schon die Denker in der Antike beschäftigt, besondere Aufmerksamkeit wurde diesem Thema im Zeitalter der Aufklärung geschenkt. Descartes, Kant und vor allem Schopenhauer mit seinem kolossalen, schwer verständlichen Werk „Die Welt als Wille und Vorstellung" haben hier bedeutende Theorien begründet. Wem das schon nach den ersten Seiten zu kompliziert und philosophisch wird, denn sollte sich an modernere Literatur über den Konstruktivismus halten. Lesenswert sind: „Wie wirklich ist die Wirklichkeit?: Wahn, Täuschung, Verstehen", Paul Watzlawick, als Abhandlung und „Die Gewissheit der Ungewissheit", Bernhard Pörksen (Hrsg.), als interessante Gesprächsaufzeichnung. Sehr beeindruckend, wenn auch manchmal schwer verständlich, wird der Konstruktivismus aus naturwissenschaftlicher Sicht in Verbindung mit der Evolutionsgeschichte der Welt in „Der Baum der Erkenntnis" von Maturana/Varela geschildert.

Ferner kann uns die Betrachtung jedes künstlerischen Werks einen Einblick in die Subjektivität anderer Menschen geben. Nicht zuletzt in jedem Roman finden sich Ausprägungen der subjektiven Wahrnehmung, exemplarisch sei auf „Die Verwandlung" von Kafka verwiesen, in welcher in bedrückender und extremer Weise die persönliche Empfindung der Wirklichkeit geschildert wird.

Über die Macht des Geldes
Wer der Bedeutung der Anhäufung von Geld und Macht und dem gleichzeitigen Verlust der eigenen Träume in seinem Leben nachgehen möchte, dem bleibt nichts anderes übrig, als sich selbst damit zu beschäftigen. Ein Buch wird dabei wenig helfen.

Über Freundschaft
Bei der Freundschaft handelt sich um eines der Themen, das keines großen theoretischen Vorwissens bedarf, um sich ein eigenes Bild von ihr zu machen. Vielmehr sind eigene Erfahrungen und ein reflektierter Umgang mit diesen die einzigen Voraussetzungen, um seine eigene Position zum Wesen der Freundschaft zu begründen. Das wichtigste sind hier also eigene Freunde!

Deshalb habe ich mich erst nach Abfassung meines Aufsatzes ein wenig in der Literatur umgesehen und ihn um besonders gelungene Gedanken oder Zitate ergänzt. Die literarischen Abhandlungen über die Freundschaft sind erstaunlicherweise relativ übersichtlich, wenn man es mit den Unmengen an Werken vergleicht, die zu jedem noch so absurden Thema veröffentlich wurden. In der Antike allerdings war das Nachdenken über Freundschaft ein großes Thema für die Philosophie wie für den Menschen im Alltag. Da sich das Thema Freundschaft dabei stets mit dem Thema der Tugend oder dem richtigen Leben verband, behandelten auch Philosophen wie Platon, Aristoteles, Epikur oder Cicero die Freundschaft in ihren Texten. Besonders herauszustellen ist eines der bedeutendsten Werke der Antike, die „Nikomachische Ethik" von Aristoteles. Aristoteles setzt sich im achten und neunten Buch ausführlich mit dem Wesen der Freundschaft auseinander. Aristoteles verwendet viel Zeit darauf, die verschiedenen Arten der Freundschaft, so auch die Gatten- und Kindesliebe, und deren Stellung im Gemeinwesen zu beleuchten. Seine tiefe Analyse ist nicht leicht zu lesen, einige seiner Ansichten etwa zur Stellung der Frau sind antiquiert, das Werk sollte mehr als historisches Zeugnis denn als heute gültige Abhandlung über die „moderne" Freundschaft gesehen werden.

Eingängiger ist dagegen die Abhandlung „Laelius – Über die Freundschaft" von Cicero. In leicht verständlicher Prosa wird die Freundschaft aus römischer Sicht beschrieben, die geschliffenen Worte des Cicero und seine hehre Meinung von der Freundschaft sind das reine Lesevergnügen.

Die Abhandlung „Von der Freundschaft" von Michel de Montaigne ist ein lesenswertes philosophisches Werk, das die Freundschaft allerdings in einer weltfremden Weise idealisiert, so dass „es viel ist, wenn das Schicksal es [eine Freundschaft] einmal in drei Jahrhunderten zusammenbringt." Sehr schön für mich ist sein Grund, warum man einen Freund liebt, nicht etwa aus Nutzen, Bequemlichkeiten oder zufälligen Anlässen, sondern: „Weil er er ist; weil ich ich bin."

Eine der wenigen aktuelleren theoretischen Auseinandersetzung mit dem Wesen der Freundschaft stammt von Martin Hecht und trägt den Titel „Wahre Freunde". Auf 220 Seiten wird gerade zu Beginn und gegen Ende des Buches einiges Interessante auf sehr einfache und eingängige Art wiedergegeben, zum Beispiel zur Gefahr des Neides für eine Freundschaft. Teilweise schreibt er aber zu klischeehaft und polemisch, manch entscheidender Gedanke wird nur angekratzt. Sobald er zu viele Ratschläge erteilt, rutscht er leider in einen überflüssigen Lebensratgeber ab. Da viele Gedanken gut sind und sonst wenig Modernes zu dem Thema zu finden ist, kann ich aber insgesamt bei Interesse zur Lektüre raten.

Das Thema der Freundschaft wurde natürlich in unzähligen Romanen behandelt. Besonders schöne Gedanken finden sich in diesen wunderbaren Werken: „Narziss und Goldmund" von Hermann Hesse, „Die Grasharve" von Truman Capote. In „Die Bürgschaft" preist Friedrich Schiller in wundervoller Sprache das höchste Gut der Freundschaft. Diese Ballade kann man immer wieder lesen.

Über Kommunikation

Für diesen Aufsatz waren eigentlich nur meine eigenen Erfahrungen und Erlebnisse mit Kommunikation in unserer „modernen" Welt nötig. Eine sehr tiefe, aber oft schwer zu verstehende philosophische Abhandlung über Kommunikation gelingt Dirk Baecker in seinen Büchern „Kommunikation" und „Form und Formen der Kommunikation". Eine gute wissenschaftliche Abhandlung über die zwischenmenschliche Kommunikation, die ich in meinem Aufsatz nur anschneide, ist das Buch „Menschliche Kommunikation: Formen, Störungen, Paradoxien" von Watzlawick, Beaven, Jackson. Die zahllosen Lebensratgeber über „besseres" Kommunizieren habe ich nicht gelesen.

Über dein Leben

Sarkasmus ist zu oberflächlich, um ihm einen Platz in einer Bibliographie zu gewähren. Wer es dennoch nicht lassen will, mehr zu dem Thema zu erfahren, der scheue sich nicht, sich in seinem Leben und dem seiner Freunde ein wenig umzusehen…